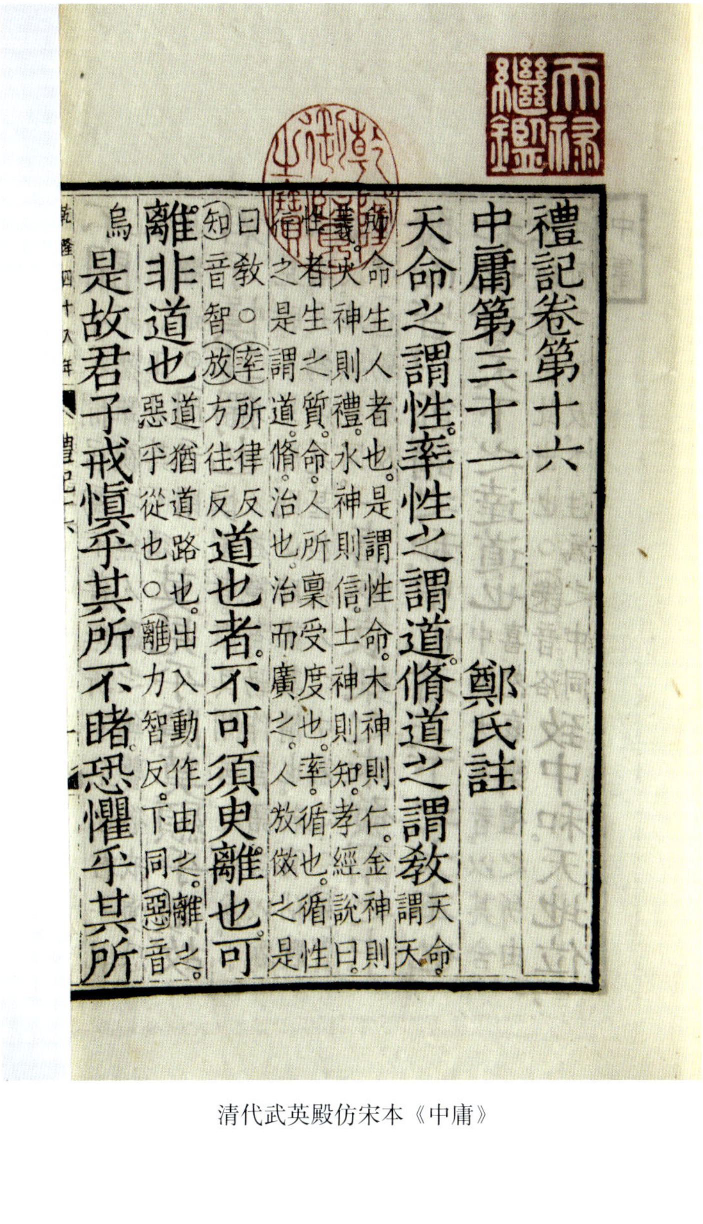

禮記卷第十六

中庸第三十一　鄭氏註

天命之謂性，率性之謂道，脩道之謂教。（天命，謂天所命生人者也，是謂性命。木神則仁，金神則義，火神則禮，水神則信，土神則知。孝經說曰：性者，生之質命，人所稟受度也。率，循也。循性行之，是謂道。脩，治也。治而廣之，人放傚之，是曰教。○率，所律反。知音智。放，方往反。）道也者，不可須臾離也，可離非道也。（道猶道路也，出入動作由之，離之惡乎從也。○離，力智反，下同。惡音烏。）是故君子戒慎乎其所不睹，恐懼乎其所

乾隆四十八年　禮記十六　一

清代武英殿仿宋本《中庸》

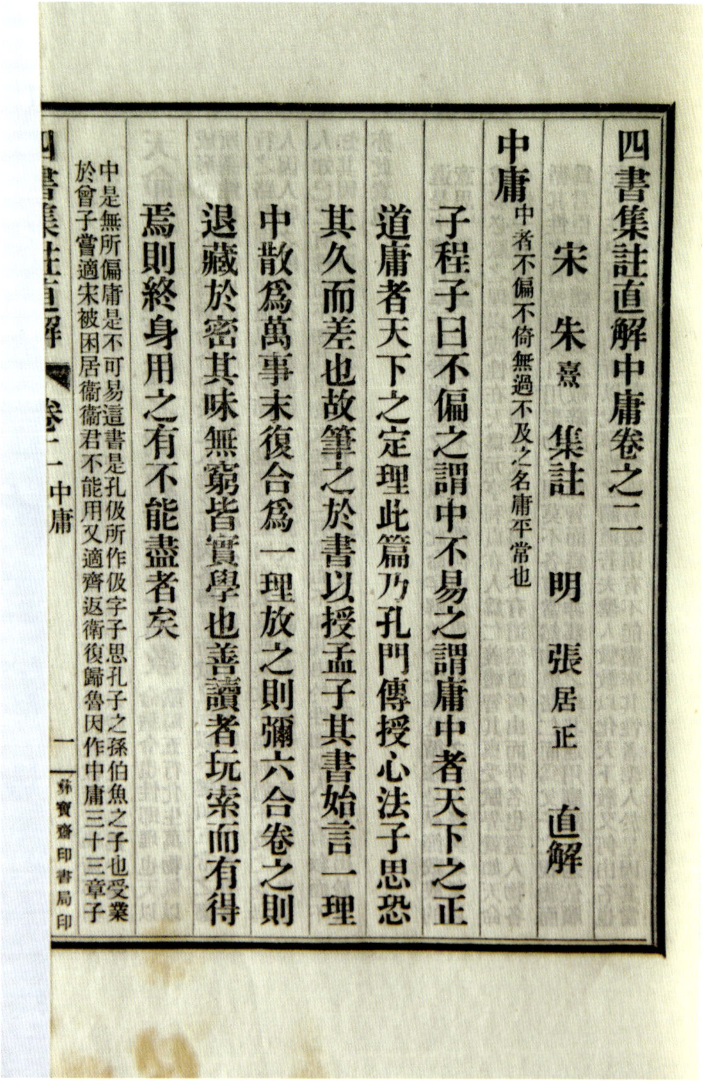
四書集註直解中庸卷之二

宋　朱熹　集註　明　張居正　直解

中庸 中者不偏不倚無過不及之名庸平常也

子程子曰不偏之謂中不易之謂庸中者天下之正道庸者天下之定理此篇乃孔門傳授心法子思恐其久而差也故筆之於書以授孟子其書始言一理中散爲萬事末復合爲一理放之則彌六合卷之則退藏於密其味無窮皆實學也善讀者玩索而有得焉則終身用之有不能盡者矣

中是無所偏庸是不可易這書是孔伋所作伋字子思孔子之孫伯魚之子也受業於曾子嘗適宋被困居衞衞君不能用又適齊返衞復歸魯因作中庸三十三章子

《四书集注直解·中庸》

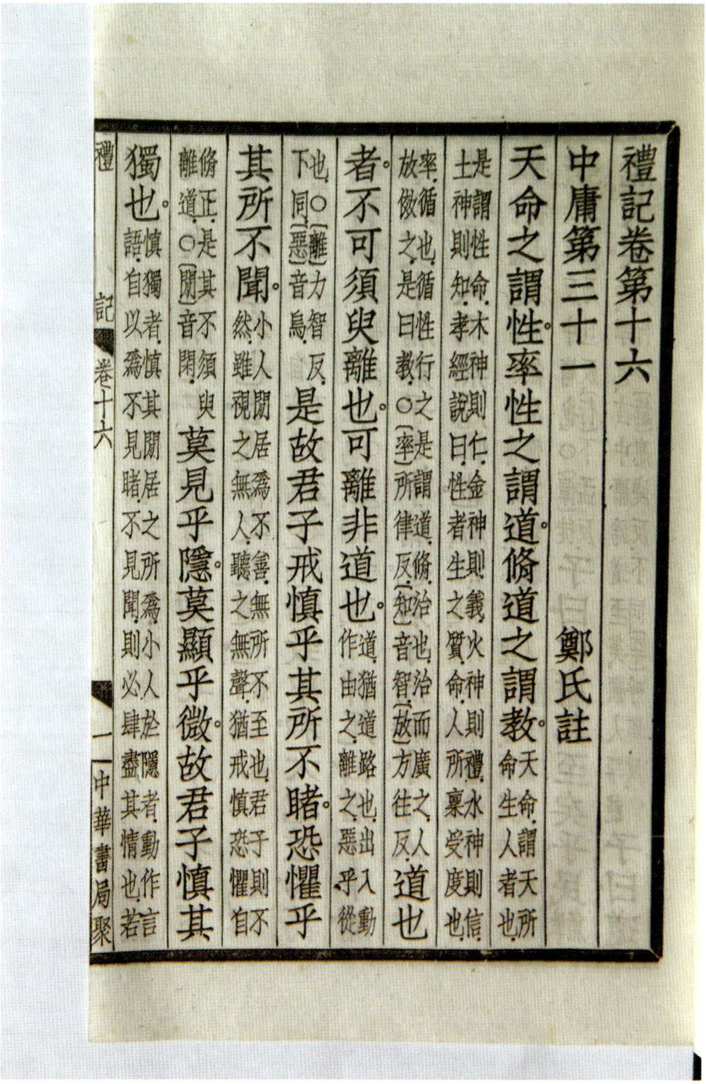

禮記卷第十六

中庸第三十一　鄭氏註

天命之謂性。率性之謂道。脩道之謂教。天命，謂天所命生人者也。是謂性命。木神則仁，金神則義，火神則禮，水神則信，土神則知。孝經說曰：性者生之質命，人所稟受度也。率，循也。循性行之，是謂道。脩，治也。治而廣之，人放傚之，是曰教。○率，所律反。知音智。放，方往反。道也者，不可須臾離也。可離非道也。道，猶道路也，出入動作由之，離之，惡乎從也？○離，力智反。下同。惡音烏。是故君子戒慎乎其所不睹，恐懼乎其所不聞。小人閒居為不善，無所不至也。君子則不然，雖視之無人，聽之無聲，猶戒慎恐懼，自脩正，是其不須臾離道。○閒音閑。莫見乎隱，莫顯乎微，故君子慎其獨也。慎獨者，慎其閒居之所為。小人於隱者，動作言語，自以為不見睹，不見聞，則必肆盡其情也。若

中华书局聚珍仿宋版《中庸》

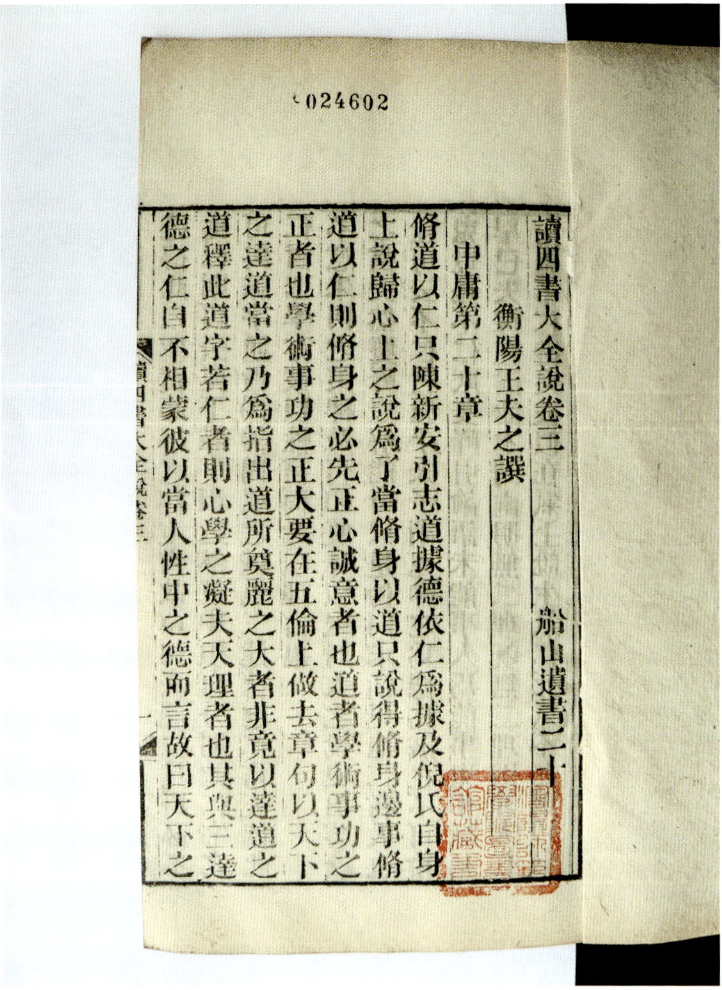
024602

讀四書大全說卷三　船山遺書二十

衡陽王夫之譔

中庸第二十章

脩道以仁只陳新安引志道據德依仁爲據及倪氏自身上說歸心上之說爲了當脩身以道只說得脩身邊事脩道以仁則脩身之必先正心誠意者也道者學術事功之正者也學術事功之正大要在五倫上做去章句以天下之達道當之乃爲指出道所奠麗之大者非竟以達道之道釋此道字若仁者則心學之凝夫天理者也其與三達德之仁自不相蒙彼以當人性中之德而言故曰天下之

讀四書大全說卷三　一

王夫之《读四书大全说·中庸》

本《中庸》译注本

系全国教育科学规划课题

“‘四书’的现代教育价值”研究成果

中国教育名著丛书

中　　庸

刘兆伟 译注

人民教育出版社
·北京·

图书在版编目（CIP）数据

中庸 / 刘兆伟译注 .—北京：人民教育出版社，2015.9（2023.12重印）
（中国教育名著丛书）
ISBN 978-7-107-29106-7

Ⅰ.①中… Ⅱ.①刘… Ⅲ.①儒家 ②《中庸》—译文 ③《中庸》—注释
Ⅳ.① B222.1

中国版本图书馆 CIP 数据核字（2015）第 240232 号

中国教育名著丛书 中庸

出版发行	人民教育出版社 （北京市海淀区中关村南大街 17 号院 1 号楼 邮编：100081）
网 址	http://www.pep.com.cn
经 销	全国新华书店
印 刷	人民教育出版社印刷厂有限公司
版 次	2015 年 9 月第 1 版
印 次	2023 年 12 月第 3 次印刷
开 本	890 毫米×1 240 毫米 1/32
印 张	4.5
插 页	2
字 数	117 千字
印 数	4 501~6 500 册
定 价	14.70 元

《中国教育名著丛书》出版说明

中国教育制度源远流长，教育活动丰富多彩，教育思想博大精深，在数千年波澜壮阔的教育史上产生过无数鸿篇巨制。尤其是近现代以来，许多教育家、思想家、理论家和实践家，通过长期艰辛的教育探索和严密的思考、审慎的研究，撰写了不少对中国乃至世界教育发展产生了巨大而深远影响的伟大著作。即使人类历史进入了21世纪，这些著作仍然保持着强盛的生命力。

实现中华民族伟大复兴的中国梦，促进从教育大国到教育强国的跨越，建立和完善中国特色社会主义教育体系，不仅需要研究外国教育的历史和现状，吸取外国教育的经验，更需要不断提高中华民族教育的自尊、自信、自豪和自觉，全面探讨我国教育的历史和现状，系统总结我国教育的思想智慧，发扬光大我国教育的优良传统。

为了给广大教育工作者提供有关我国教育思想理论著作的读物，特别是给教育科研人员、中小学教师和各级各类师范院校师生提供学习研究参考书，本着“服务教育，促进科研，弘扬学术，繁荣文化”的宗旨，人民教育出版社决定组织专家学者精选在中国教育发展史上产生过并将继续产生重大影响的作品，汇编成《中国教育名著丛书》。这套丛书选收中国古代、近代、现代对中国乃至世界有较大影响的教育名家的富有代表性的教育思想理论著作，包括整本专著、文章汇编或者著作节选。毋庸讳言，本丛书所选收的著作既闪耀着人类教育智慧的光芒，又不可避免地有着时代的局限。我们相信读者会做出思辨，时间会做出判断，实践会做出检验。

为了帮助读者阅读和理解教育名著的内容，我们特请编者或有关专家为每一本书撰写了前言，有的书还附有年表、图片或其他参考资料。当然，前言只是一家之言，而不是对某书的定评，读者完全可以对这本书进行更加广泛、更加深入的研究。

限于水平和经验，本丛书的编辑出版工作或有不少缺点和错误。热诚希望广大读者对这套丛书的编辑出版工作提出宝贵意见，以使之日臻完善。

人民教育出版社文化教育编辑室

2014 年 8 月

《中庸》译注本序

“中庸”源于中国自古相传的道统。尧以“允执其中”四字心法传给舜，舜衍为“人心惟危，道心惟微，惟精惟一，允执厥中”十六字传授给禹。其基本精神乃是“执其两端，用其中于民”。中庸之道，其实就是中国自古相传的和谐共赢之道、管理之道，也是儒家所倡导的一种道德实践的原则和处事待人的方法。去除偏激，选择正确的道路，体现的是端庄沉稳、守善持中的博大气魄、宽广胸襟和一以贯之的坚定信念，是具有永久的真理性和现实主义的伟大思想。“中”就是不要偏激，不要走极端，不要不及，也不要过头。“庸”就是保持一颗平常心，做什么事都要有个“度”。

毛泽东从哲学角度肯定了“中庸”的价值，认为“中庸”是质和量的对立统一中的“度”。“过”就是超过“度”，即“左”了；不及就是还未达到“度”，便是右了。“过”与“不及”，“过”的即是“左”的东西，“不及”的即是右的东西。依照现在我们的观点说来，过与不及乃指一定事物在时间与空间中运动，当其发展到一定状态时，应从量的关系上找出与确定其一定的质，这就是“中”或“中庸”，或“时中”。说这个事物已经不是这种状态而进到别种状态了，这就是别一种质，就是“过”或“左”倾了。说这个事物还停止在原来状态并无发展，这是老的事物，是概念停滞，是守旧顽固，是右倾，是“不及”。然而是从量上去找出与确定质而反对“左”右倾则是无疑的。他说这种思想“是孔子的一大发现，一大功绩，是哲学的重要范畴”。

中庸之道是一种精深的生存智慧和生命境界。林语堂说："我像所有中国人一样相信中庸之道。"1937 年林语堂著《生活的艺术》出版，他在书中把"中庸生活"作为一种"生活的最高典型"而大加称赞。他说："这种学说就是指一种介于两个极端之间的那一种有条不紊的生活——酌乎其中的学说，这种中庸精神，在动作和静止之间找到了一种完全的均衡。"

刘兆伟教授译注的《中庸》值得重视。是为序。

郭齐家

2015 年端午于北京师范大学珠海分校

（本序作者系北京师范大学教育学部教授、博士生导师，中华孔子学会副会长，国际儒联理事会顾问）

本书译注者说明

一、本书中《中庸》原文以朱熹的《四书章句集注》的《中庸》原文为底本，参以阮元校刻的《十三经注疏·礼记正义》中的《中庸》原文。

二、本书梳理了古今研究《中庸》的主要脉络，精选了汉魏以来研究《中庸》的主要观点，并力图展现自己的见解。本书以促进中国传统教育经典推广活动的深入开展为宗旨，希望能对广大教师和教育科研人员有一定的参考价值。

三、本书每章原文后，有译文、诠评和名家点评。名家点评部分，由于汉魏诸家材料稀缺，弥足珍贵，尽量选纳。唐宋以后不乏有成就的研究者，其研究成果本书难以囊括，只能择要选录。

《中庸》原文

天命之谓性，率性之谓道，修道之谓教。

道也者，不可须臾离也，可离非道也。是故君子戒慎乎其所不睹，恐惧乎其所不闻。

莫见乎隐，莫显乎微，故君子慎其独也。

喜怒哀乐之未发，谓之中；发而皆中节，谓之和。中也者，天下之大本也；和也者，天下之达道也。致中和，天地位焉，万物育焉。

仲尼曰："君子中庸，小人反中庸。君子之中庸也，君子而时中；小人之中庸也，小人而无忌惮也。"

子曰："中庸其至矣乎！民鲜能久矣！"

子曰："道之不行也，我知之矣，知者过之，愚者不及也；道之不明也，我知之矣，贤者过之，不肖者不及也。人莫不饮食也，鲜能知味也。"

子曰："道其不行矣夫！"

子曰："舜其大知也与！舜好问而好察迩言，隐恶而扬善，执其两端，用其中于民，其斯以为舜乎！"

子曰："人皆曰予知，驱而纳诸罟擭陷阱之中，而莫之知辟也。人皆曰予知，择乎中庸而不能期月守也。”

子曰：“回之为人也，择乎中庸，得一善，则拳拳服膺而弗失之矣。”

子曰：“天下国家可均也，爵禄可辞也，白刃可蹈也，中庸不可能也？”

子路问强。子曰：“南方之强与？北方之强与？抑而强与？宽柔以教，不报无道，南方之强也，君子居之。衽金革，死而不厌，北方之强也，而强者居之。故君子和而不流，强哉矫！中立而不倚，强哉矫！国有道，不变塞焉，强哉矫！国无道，至死不变，强哉矫！”

子曰：“素隐行怪，后世有述焉，吾弗为之矣。君子遵道而行，半途而废，吾弗能已矣。君子依乎中庸，遁世不见知而不悔，唯圣者能之。”

君子之道费而隐，夫妇之愚，可以与知焉；及其至也，虽圣人亦有所不知焉。夫妇之不肖，可以能行焉；及其至也，虽圣人亦有所不能焉。天地之大也，人犹有所憾。故君子语大，天下莫能载焉；语小，天下莫能破焉。《诗》云：“鸢飞戾天，鱼跃于渊。”言其上下察也。君子之道，造端乎夫妇；及其至也，察乎天地。

子曰：“道不远人。人之为道而远人，不可以为道。《诗》云：‘伐柯伐柯，其则不远。’执柯以伐柯，睨而视之，犹以为远。故君子以人治人，改而止。忠恕违道不远，施诸己而不愿，亦勿施于人。君子之道四，丘未能一焉：所求乎子以事父，未能也；所求乎臣以事君，未能也；所求乎弟以事兄，未能也；所求乎朋友先施之，未能也。庸德之行，庸言之谨，有所不足，不敢不勉，有余不敢尽；言顾行，行顾言，君子胡不慥慥尔！”

君子素其位而行，不愿乎其外。素富贵，行乎富贵；素贫贱，行乎贫贱；素夷狄，行乎夷狄；素患难，行乎患难。君子无入而不自得焉。在上位不陵下，在下位不援上，正己而不求于人则无怨。上不怨天，下不尤人。故君子居易以俟命，小人行险以徼幸。子曰：“射有似乎君子，失诸正鹄，反求诸其身。”

君子之道，辟如行远必自迩，辟如登高必自卑。《诗》曰：“妻子好合，如鼓瑟琴。兄弟既翕，和乐且耽。宜尔室家，乐尔妻帑。”子曰：“父母其顺矣乎！”

子曰：“鬼神之为德，其盛矣乎！视之而弗见，听之而弗闻，体物而不可遗。使天下之人，齐明盛服，以承祭祀。洋洋乎！如在其上，如在其左右。《诗》曰：‘神之格思，不可度思！矧可射思！’夫微之显，诚之不可揜（掩）如此夫！”

子曰：“舜其大孝也与！德为圣人，尊为天子，富有四海之内。宗庙飨之，子孙保之。故大德必得其位，必得其禄，必得其名，必得其寿。故天之生物，必因其材而笃焉。故栽者培之，倾者覆之。《诗》曰：‘嘉乐君子，宪宪令德！宜民宜人，受禄于天。保佑命之，自天申之！’故大德者必受命。”

子曰：“无忧者，其惟文王乎！以王季为父，以武王为子，父作之，子述之。武王缵太王、王季、文王之绪。壹戎衣而有天下，身不失天下之显名。尊为天子，富有四海之内。宗庙飨之，子孙保之。武王末受命，周公成文武之德，追王太王、王季，上祀先公以天子之礼。斯礼也，达乎诸侯、大夫及士、庶人。父为大夫，子为士，葬以大夫，祭以士。父为士，子为大夫，葬以士，祭以大夫。期之丧达乎大夫，三年之丧达乎天子，父母之丧无贵贱一也。”

子曰：“武王、周公，其达孝矣乎！夫孝者，善继人之志，善述人之事者也。春秋修其祖庙，陈其宗器，设其裳衣，荐其时食。宗庙之礼，所以序昭穆也。序爵，所以辨贵贱也；序事，所以辨贤也；旅酬下为上，所以逮贱也；燕毛，所以序齿也。践其位，行其礼，奏其乐；敬其所尊，爱其所亲；事死如事生，事亡如事存，孝之至也。郊社之礼，所以事上帝也；宗庙之礼，所以祀乎其先也。明乎郊社之礼、禘尝之义，治国其如示诸掌乎。”

哀公问政。子曰：“文武之政，布在方策。其人存，则其政举；其人亡，则其政息。人道敏政，地道敏树。夫政也者，蒲卢也。故为政在人，取人以身，修身以道，修道以仁。仁者人也，亲亲为大；义者宜也，尊贤为大；亲亲之杀，尊贤之等，礼所生也。在下位不获乎上，民不可得而治矣。故君子不可以不修身；思修身，不可以不事亲；思事亲，不可以不知人；思知人，不可以不知天。”

天下之达道五，所以行之者三：曰君臣也，父子也，夫妇也，昆弟也，朋友之交也。五者，天下之达道也。知、仁、勇三者，天下之达德也。所以行之者一也。

或生而知之，或学而知之，或困而知之，及其知之一也。或安而行之，或利而行之，或勉强而行之，及其成功一也。

子曰：“好学近乎知，力行近乎仁，知耻近乎勇。知斯三者，则知所以修身；知所以修身，则知所以治人；知所以治人，则知所以治天下国家矣。”

凡为天下国家有九经，曰：修身也，尊贤也，亲亲也，敬大臣也，体群臣也，子庶民也，来百工也，柔远人也，怀诸侯也。修身则道立，尊贤则不惑，亲亲则诸父昆弟不怨，敬大臣则不眩，体群臣则士之报礼重，子庶民则百姓劝，来百工则财用足，柔远人则四方归之，怀诸侯则天下畏之。

齐明盛服，非礼不动，所以修身也；去谗远色，贱货而贵德，所以劝贤也；尊其位，重其禄，同其好恶，所以劝亲亲也；官盛任使，所以劝大臣也；忠信重禄，所以劝士也；时使薄敛，所以劝百姓也；日省月试，既禀称事，所以劝百工也；送往迎来，嘉善而矜不能，所以柔远人也；继绝世，举废国，治乱持危，朝聘以时，厚往而薄来，所以怀诸侯也。凡为天下国家有九经，所以行之者一也。

凡事豫则立，不豫则废。言前定则不跲，事前定则不困，行前定则不疚，道前定则不穷。在下位不获乎上，民不可得而治矣。获乎上有道，不信乎朋友，不获乎上矣。信乎朋友有道，不顺乎亲，不信乎朋友矣。顺乎亲有道，反诸身不诚，不顺乎亲矣。诚身有道，不明乎善，不诚乎身矣。诚者，天之道也；诚之者，人之道也。诚者，不勉而中，不思而得，从容中道，圣人也。诚之者，择善而固执之者也。

博学之，审问之，慎思之，明辨之，笃行之。有弗学，学之弗能，弗措也；有弗问，问之弗知，弗措也；有弗思，思之弗得，弗措也；有弗辨，辨之弗明，弗措也；有弗行，行之弗笃，弗措也。人一能之，己百之；人十能之，己千之。果能此道矣，虽愚必明，虽柔必强。

自诚明，谓之性；自明诚，谓之教。诚则明矣，明则诚矣。

唯天下至诚，为能尽其性；能尽其性，则能尽人之性；能尽人之性，则能尽物之性；能尽物之性，则可以赞天地之化育；可以赞天地之化育，则可以与天地参矣。

其次致曲。曲能有诚，诚则形，形则著，著则明，明则动，动则变，变则化。唯天下至诚为能化。

至诚之道，可以前知。国家将兴，必有祯祥；国家将亡，必有妖孽。见乎蓍龟，动乎四体。祸福将至，善，必先知之；不善，必先知之。故至诚如神。

诚者自成也，而道自道也。诚者物之终始，不诚无物。是故君子诚之为贵。诚者非自成己而已也，所以成物也。成己，仁也；成物，知也。性之德也，合外内之道也，故时措之宜也。

故至诚无息。不息则久，久则征，征则悠远，悠远则博厚，博厚则高明。博厚，所以载物也，高明，所以覆物也，悠久，所以成物也。博厚配地，高明配天，悠久无疆。如此者，不见而章，不动而变，无为而成。天地之道，可一言而尽也：其为物不贰，则其生物不测。天地之道，博也，厚也，高也，明也，悠也，久也。今夫天，斯昭昭之多，及其无穷也，日月星辰系焉，万物覆焉。今夫地，一撮土之多，及其广厚，载华岳而不重，振河海而不泄，万物载焉。今夫山，一卷石之多，及其广大，草木生之，禽兽居之，宝藏兴焉。今夫水，一勺之多，及其不测，鼋鼍、蛟龙、鱼鳖生焉，货财殖焉。《诗》云：“维天之命，於穆不已。”盖曰天之所以为天也。“於乎不显，文王之德之纯！”盖曰文王之所以为文也，纯亦不已。

大哉圣人之道！洋洋乎！发育万物，峻极于天。优优大哉！礼仪三百，威仪三千。待其人而后行。故曰苟不至德，至道不凝焉。故君子尊德性而道问学，致广大而尽精微，极高明而道中庸，温故而知新，敦厚以崇礼。是故居上不骄，为下不倍，国有道其言足以兴，国无道其默足以容。《诗》曰：“既明且哲，以保其身。”其此之谓与！

子曰：“愚而好自用，贱而好自专，生乎今之世，反古之道。如此者，烖(灾）及其身者也。”

非天子，不议礼，不制度，不考文。今天下车同轨，书同文，行同伦。虽有其位，苟无其德，不敢作礼乐焉；虽有其德，苟无其位，亦不敢作礼乐焉。

子曰：“吾说夏礼，杞不足征也；吾学殷礼，有宋存焉；吾学周礼，今用之，吾从周。”

王天下有三重焉，其寡过矣乎！上焉者虽善无征，无征不信，不信民弗从；下焉者虽善不尊，不尊不信，不信民弗从。故君子之道，本诸身，征诸庶民，考诸三王而不缪，建诸天地而不悖，质诸鬼神而无疑，百世以俟圣人而不惑。质诸鬼神而无疑，知天也；百世以俟圣人而不惑，知人也。是故君子动而世为天下道，行而世为天下法，言而世为天下则。远之则有望，近之则不厌。《诗》曰："在彼无恶，在此无射；庶几夙夜，以永终誉。"君子未有不如此，而蚤有誉于天下者也。

仲尼祖述尧舜，宪章文武；上律天时，下袭水土。辟如天地之无不持载，无不覆帱；辟如四时之错行，如日月之代明。万物并育而不相害，道并行而不相悖。小德川流，大德敦化。此天地之所以为大也。

唯天下至圣，为能聪明睿知，足以有临也；宽裕温柔，足以有容也；发强刚毅，足以有执也；齐庄中正，足以有敬也；文理密察，足以有别也。溥博渊泉，而时出之。溥博如天，渊泉如渊。见而民莫不敬，言而民莫不信，行而民莫不说。是以声名洋溢乎中国，施及蛮貊，舟车所至，人力所通，天之所覆，地之所载，日月所照，霜露所队，凡有血气者，莫不尊亲，故曰配天。

唯天下至诚，为能经纶天下之大经，立天下之大本，知天地之化育。夫焉有所倚？肫肫其仁，渊渊其渊，浩浩其天。苟不固聪明圣知达天德者，其孰能知之？

《诗》曰："衣锦尚絅。"恶其文之著也。故君子之道，暗然而日章；小人之道，的然而日亡。君子之道，淡而不厌，简而文，温而理，知远之近，知风之自，知微之显，可与入德矣。

《诗》云："潜虽伏矣，亦孔之昭。"故君子内省不疚，无恶于志。君子之所不可及者，其唯人之所不见乎！

《诗》云："相在尔室，尚不愧于屋漏。"故君子不动而敬，不言而信。

《诗》曰："奏假无言，时靡有争。"是故君子不赏而民劝，不怒而民威于鈇钺。

《诗》曰："不显惟德，百辟其刑之。"是故君子笃恭而天下平。

《诗》云："予怀明德，不大声以色。"子曰："声色之于以化民，末也。"

《诗》曰："德輶如毛。"毛犹有伦。"上天之载，无声无臭。"至矣！

目　录

导　言

《中庸》第一章："喜怒哀乐之未发，谓之中；发而皆中节，谓之和。中也者，天下之大本也；和也者，天下之达道也。致中和，天地位焉，万物育焉。"

中和之道是天下根本之道、天下人常用之道。用不偏不倚常用的中和之道对待所有事物，就是中庸之道；以中和之道修养自己就是中庸之道。中庸思想对于建构中华民族和谐文化，作出了辉煌的贡献。中庸是中华民族优秀传统文化的重要内涵，是中华文明的独特表征，是建立和谐社会的文化保障，是每个人自身修养与互谅互容的基本理论。中华文化赖之以生，赖之以发展。当然，曾几何时，中庸思想也被篡改、误解和滥用。但那不是中庸本身的错，中庸思想时刻起着补偏救弊的作用，久而久之，形成了中华民族的一种稳定的文化、和谐的文化。这种文化不只利于中国社会的和谐，也利于世界各民族之间的和平共处。

一、中庸真谛

《论语·雍也》："子曰：'中庸之为德也，其至矣乎！民鲜久矣。'"《礼记·中庸》："中庸其至矣乎！""中庸不可能也?"程颐、朱熹考证《礼记·中庸》为孔子之孙子思所作。而最早提出中庸命题的是孔子。孔子有关言论的载体《论语》中只有此一处讲到中庸，且以 14 字就结束了中庸之论。其内涵是中庸作为道德来讲，真是达到了尽善尽美的程度，但人们缺乏它很久了。究其实，孔子并未明确指出何谓中庸。但《论语·先进》载："子贡问：'师与商也孰贤?'子曰：'师也过，商也不及。'曰：'然则师愈与?'子曰：'过犹不及。'"这被后世作为理解中庸的最好例证。

（一）中庸溯源与释义

《甲骨文编》① 中，写为近似今日之中的"中"形有 14 处之多，亦有、等形。哪种形状的中都是作中心讲。《易经·复卦》六四爻："中行，独复。象曰：'中行独复，以从道也。'"六五爻："敦复，无悔。象曰：'敦复无悔，中以自考也。'"《易经·损卦》九二爻："利贞，征凶。弗损，益之。象曰：'九二利贞，中以为志也。'"《易经·益卦》彖："益，损上益下，民说无疆；自上下下，其道大光。'利有攸往'，中正有庆。"六三爻："益之，用凶事，无咎。有孚中行，告公用圭。"六四爻："中行告公，从。利用为依迁国。"《易经·夬卦》九五爻："苋陆夬夬，中行，无咎。象曰：'中行无咎，中未光也。'"《易经·节卦》："节：亨。苦节，不可贞。象曰：'节，亨。刚柔分而刚得中。苦节不可贞，其道穷也。说以行险，当位以节，中正以通。天地节而四时成。节以制度，不伤财，不害民。'"《易经·未济卦》九二爻："曳其轮，贞吉。象曰：'九二贞吉，中以行正也。'"《易》（后称《周易》、《易经》）是中国文明史上最早成书的一部著作。其对"中"的本义理解在先秦著作中较为原始，也是对"中"本义理解的理论源头。所以理解中庸之"中"当以《易》的意义为基本。《易》所涉及的"中"字有 28 处之多，除或为"中间"意思解，或为"中心（内心）"意思解之外，皆为"中正行事、不偏不倚"解。其次，《尚书·盘庚

① 中国科学院考古研究所编，中华书局 1965 年版。

中》："各设中于乃心。"如《尚书·盘庚》三篇是殷商作品，它便远远早于《尚书》成书的时间就已经存在了。这样，《盘庚》中篇所论的"中"还早于《易》中所论的"中"。而"各设中于乃心"之"中"恰是作"中正"讲。至于《尚书·酒诰》"作稽中德"，《尚书·吕刑》"咸庶中正"、"非天不中"等无不作"中正"解。《老子·第五》："多言数穷，不如守中。"《荀子·宥坐》："孔子曰：'吾闻宥坐之器者，虚则欹，中则正，满则覆。'孔子顾谓弟子曰：'注水焉！'弟子挹水而注之，中而正，满而覆，虚而欹。孔子喟然而叹曰：'吁！恶有满而不覆者哉！'"由"中"之出处可知不偏不倚之外，尚有不满不空、不多不少等等含义谓之"中"。

关于"庸"的最早理解亦出于《书》与《易》。《尚书·康诰》："庸庸祇祇威威显民。"此"庸"字作"用"字解。《易经·乾卦·文言》："九二曰：'见龙在田，利见大人。'何谓也？子曰：'龙德而正中者也。庸言之信，庸行之谨，闲邪存其诚，善世而不伐，德博而化。《易》曰：'见龙在田，利见大人。'君德也。"其中的"庸言之信，庸行之谨"所及"庸"字，均作"常"解。由上可知，最早出现的"庸"字，一是作"用"字解，一是作"常、平常"解。郑玄说："名曰中庸者，以其记中和之为用也。庸，用也。"程颐说："不偏之谓中，不易之谓庸。中者天下之正道，庸者天下之定理。"朱熹说："中者，不偏不倚，无过无不及之名。庸，平常也。"可见三位大师为"中庸"所下的结论都是有充分依据的。将庸讲成"用"或"常、平常"，没有根本分歧。中庸实质是为人居于中正之道，不偏不斜，以自然平常之中和心对待自身、对待万事万物。

（二）《中庸》一书之思想体系

《中庸》是《礼记》中的一篇（据《汉书·艺文志》载，《中庸》原曾独立为书），朱熹将其列为《四书》之一，后世沿朱熹说则称《中庸》为一书。《中庸》分为 33 章，四大部分，3 565 字。其所论乃天道、人道的最高深又最恒常的道理。

中庸是循中和之道而为之。《中庸》开篇便提出："天命之谓性，率性之谓道，修道之谓教。"貌似为"性、道、教"先下了定义，而实质是先铺垫了《中庸》一书的理论基础。其认为自然授与人的本质就是人性，遵循人的本真善性就是道，修养本真善性就是教。实质上道是遵循人的本真善性处理天、人大小事务的无声、无息、无味、无色的一以贯之的自然法则。道即率性，率性就是自然、平常，平常之理即常规常理，自然的常规常理就是中，就是和。《中庸》第一章："中也者，天下之大本也；和也者，天下之达道也。"显然，《中庸》一书认为中和之道即天下根本之道，即天下平常、常用之道。用不偏不斜的平常的中和之道对待所有事物就是中庸，以中和之道修养自己就是中庸。就《中庸》一书所论，可知中庸既是最高的大道境界，也是处理问题的最正确的思想方法。《中庸》第二章："仲尼曰：'……君子之中庸也，君子而时中。"用中和之道处理问题，不是一朝一夕之举，而是时时、事事、处处都能自然符合中和之道，这才叫作中庸。

如何用中庸思想去处理问题呢？《中庸》第六章："子曰：'舜其大知也与！舜好问而好察迩言，隐恶而扬善，执其两端，用其中于民，其斯以为舜乎！'"舜好问、好调查研究周围人民的情况，明辨是非，包容万众，宣扬善的，控制事物的两头极端，把中正、公平用到民的问题上。这就是舜之所以为舜。舜做到了，并非一般人都能做到。只有颜回式的贤人才能"择乎中庸，得一善，则拳拳服膺，而弗失之矣"。即使能均平天下，能辞却爵禄、能蹈白刃的人，也不等于能做到中庸。此三件大难之事，经过一时的努力，也可以成功。而中庸是时时自然地循行常理常道，凡事居于不偏，恒行天道。乍看无大难，但非终身修行中和大道而达精熟者、无丝毫私欲者，均不能达到中庸。此即圣贤所以为圣贤之依据。中庸指导下的做人之道、做人准则，是至强至刚之大道，并非柔弱之道，"和而不流，中立而不倚"。顺时不忘常志，逆时不变操守，这岂不是真正的强大？为人不能求偏行怪以沽名钓誉，而要行中和之道奋进不止。

中庸其则不远，要在笃行不移。中庸之道广大而隐微，普通百姓只要由衷修行亦可有所成就，但深入修养，即使圣贤亦有所不能之处。道可大可小，大到天下装不下，小到不可分。既适合百姓所用，又适合圣贤所修。道本为常人办常事所行常理，如脱离常理而求道，则为空道，则为不合实际之道。而修道之则就在常理常事之中。《中庸》第十三章引《诗经·豳风·伐柯》论说："'伐柯伐柯，其则不远。'执柯以伐柯，睨而视之，犹以为远。"其意为用斧子砍树木做斧柄，手握的斧子柄就是正在修治的斧柄的范式，榜样就在手中。但仔细审视，做出来的新斧柄还是差得远。以此说明，中庸的楷模就在心中、就在身边，可是学起来，还差得远，这是很自然的事。所以修养中庸之道，执行中庸之道的言行不可不严格谨慎，不可不努力。

君子无论居于何位，均当乐天知命，不能越名分而行事。要适合自己所处的地位、身份行事，这本身也是中庸之道的要求。在符合名分的前提下，由近及远、由低到高地去修养中庸之道。先治好家事，即奠定行大道之基。此与《大学》一书"修身、齐家"而后才能"治国、平天下"是一个道理。中庸之道极为盛大，虽然看不见、摸不着，但充斥于天宇大地之中，每人周围都洋溢着中庸之道，就看自己能否与道融为一体。舜、禹、汤、周文王等就是与道为一者，既得到了位，也得到了禄、名、寿。周武王、周公承文王之道所制定的人伦仪礼皆合中庸之道，所以久传不衰。但贤圣之君亦不能久治百代，"各领风骚数百年"而已。所以，随政治之优劣变迁，中庸之道也会时兴时废。《中庸》第二十章："其人存，则其政举；其人亡，则其政息。""故为政在人，取人以身，修身以道，修道以仁。"因此，需持续培养行大道之人，行大道之人需修养仁、义、礼、智、勇。《中庸》第二十章认为："好学近乎知，力行近乎仁，知耻近乎勇。”知此三点就懂得了如何修身、修大道了，就自然会管理人、管理国家、和谐天下了。一个管理国家、安定天下的人，修有了道，要笃行，要事事处处系统而一贯地行道。《中庸》为此提出了治国安天下的九方面均需持之以恒，才算笃行中庸。

（1）修身。修身才能得道、立道。“齐明盛服，非礼不动”，即根据名分、身份穿着打扮，整齐严肃，使人望之端庄正派，接近他却很温和。凡事凡思均合于礼，即“克己复礼”。（2）尊贤。尊贤就会重道，重道就会不迷惑。“去谗远色，贱货而贵德”，就是立志不移，头脑清醒；就能激励贤人，就能屏弃谗妄，引导社会重道法贤。（3）亲亲。重视宗族亲情。“尊其位，重其禄，同其好恶”，要使亲族有用之人居于较高的地位，享有较厚的待遇，要和他们共同追求做人做事的中和之道，共同反对非道之行为。（4）敬大臣。要尊重大臣，即要尊敬重视有代表性、有作为、有功绩的臣子。“官盛任使”，提高他们的地位，充分地任用他们，充分地发挥他们的作用，这就能激励他们。（5）体群臣。要体恤一般的臣子。他们虽然成绩不显，但辛劳守职，所以要由衷地体谅、信任他们，这就能激励广大士人乐以趋仕了。（6）子庶民。《尚书·康诰》提出对民“若保赤子”，即把民当作刚降生的幼子加以认真保护。而对民最实际的关爱，就是“时使薄敛”，即孔子、孟子均主张的使民以时，减少对民的税收，这样就能赢得人民的信赖与拥戴。（7）来百工。招集百工，即招集各具技艺的能工巧匠。可见，中国古代很重视技艺人才，并且注重调动每个技艺之人的积极性，以充分发挥他们的作用。于是规定“日省月试，既禀称事”，即每天要观察工匠们的工作情况，每月要考核他们的成绩。既，朱熹说，既即饩，饩禀即钱粮。“既禀称事”，即发给每个工匠的钱粮一定要符合他所做的事，这就能激励工匠们努力地精益求精地做工。（8）柔远人。关爱边远地区的人，四方人心就归之如流。“送往迎来，嘉善而矜不能”，以礼接待、送行边远地区的代表，奖励有贡献者，照顾生计艰难者，就能安抚“远人”。（9）怀诸侯。心中总有诸侯的地位，时时为他们着想；要“继绝世，举废国，治乱持危，朝聘以时，厚往而薄来”，就是要保持诸侯世代相继的权益；使其乱者得治，危者得扶；为朝廷纳贡要有规定的时节，不要随意征收；厚爱诸侯而薄取其利。这就能使诸侯由衷齐心拱卫天子朝廷。以上九策，可谓全面地、综合地治国理天下的良方。其不偏不倚，既顾了此，又不失彼。矛盾的几个方面、几对矛盾均已函纳无遗，又都给予了重要的地位。这个治国良方确实体现了中庸之道的治国安天下的思想。而其根在修身，而修身之要在诚。只有修养到诚者，才能“不勉而中，不思而得，从容中道”（《中庸》第二十章）。而努力修道，尽力而为之者，是“择善而固执之者也”。

中庸之要在于“诚”。《中庸》提出了“诚明”之论。其认为自然之诚，自然就明，这是天性。人为地使人明白诚，这就是教育。天道人性合而为一，化育相参就是诚。或虽偏于一隅，持一技之长而乐守不移者，亦可谓有诚。久而久之，大而广之，自然近道。《中庸》一书并未对“诚”下明确的定义。综观《中庸》全书，当为修道之“透”、“纯”意。“透”、“纯”，即融会贯通、炉火纯青的程度。至诚可以出神入化，精识万事万物之理。修中庸之道达到诚时，自然合乎万事万物之道、万时之道。无论万事万物如何变化，时间如何推移，大道总是适合其用、适得其宜。一贯地融通，道才能久远适用，甚至可以“不见而章，不动而变，无为而成”（《中庸》第二十六章）。天之所以为天，就在于天庄穆岿然、永不停止，就在于天永远至诚、至纯。贤人君子就应该秉承天道而行，“尊德性而道问学，致广大而尽精微，极高明而道中庸，温故而知新，敦厚以崇礼。是故居上不骄，为下不倍，国有道其言足以兴，国无道其默足以容”（《中庸》第二十七章）。能如此作为者就是当之无愧的贤人君子。当然，君子贤人还要做到不凝滞于物，而能与世推移。《中庸》第二十八章：“子曰：‘愚而好自用，贱而好自专，生乎今之世，反古之道。如此者，烖（灾）及其身者也。’”《中庸》要人们不固守废弃之事理，要因时而宜，又不要丢掉了基本遵循，即不要失去中庸之道。要包纳多元思想，要宽容道不同者。《中庸》第三十章：“万物并育而不相害，道并行而不相悖。小德川流，大德敦化。此天地之所以为大也。”这才是中庸之为大，得道君子胸怀之为广。

中庸之道暗然而日彰。君子贤人有了道绝不张扬。如同穿衣服一样，绝不艳丽昭著。但中庸之道在不声不响之中时时处处起作用。其影响结果日益彰显，只是影响过程既无形又无声。道平淡无奇，简朴却有文采，温和却有原则。君子贤人有了道，就会既了解出现问题的根本原因，又掌握解决问题的基本道理。所以君子“不动而敬，不言而信”。君子修养到至诚的程度，“不赏而民劝，不怒而民威于𫓧钺”，“笃恭而天下平”。《诗经·大雅·皇矣》：“予怀明德，不大声以色。”治国理民要靠明德，即中庸之道，不能靠强权逼迫、怒颜怒色。孔子认为以声色化民是最末等的办法了，应靠道的影响、德的熏陶。而《诗经·大雅·文王》所说“上天之载，无声无臭”，则是大道的最高境界，不但无形，而且无声无味。《中庸》一书以此为结束语，可知作者的良苦用心。《老子》第五十七章：“我无为而民自化，我好静而民自正，我无事而民自富，我无欲而民自朴。”《老子》第四十一章：“大音希声，大象无形，道隐无名。”可见《中庸》所论之大道超出了一般儒家思想，而吸纳了道家的宇宙观。《中庸》理论性很强，而有所超越，是儒家思想坚实的理论著作。

《中庸》提倡人们以中和为本，各安本分，各负其责，无过无不及地忠于职守，不越规范，不犯上作乱，不标榜各自的劳绩和功德，而默默地为自己修养中庸之德而欣慰，以此酿制天下的和谐与安康。

二、中庸思想的历史价值

中庸思想对于建构中华民族和谐文化，作出了辉煌的贡献。其中的个人修养价值、社会管理价值、安定社会价值、审美价值、建筑价值、中医价值，都是无与伦比的。于此仅以个人修养、社会管理、中式建筑与审美为例阐述拙见。

（一）个人修养价值

中庸思想要求个体作至高的修养。中庸倡导个体内心中正、和平、和谐、和善；修道至诚，全身心地坚持中和之道，毫无杂念，为中华民族公正待人、与人和平相处、和谐向上等性格的形成奠定了理论基础。在孔子思想和《中庸》思想引导下，逐渐形成了中庸系列的思想体系。《礼记·乐记》：“先王之制礼乐也，非以极口腹耳目之欲也，将以教民平好恶而反人道之正也。”“乐者天地之和也。礼者天地之序也。和故百物皆化，序故群物皆别。乐由天作，礼以地制。过制则乱，过作则暴。明于天地，然后能兴礼乐也。”先圣先贤所以制礼作乐，则在“教民平好恶而反人道之正也”。礼乐皆不可过，“乐胜则流，礼胜则离”。二者均需用得其宜，方能益于每个个体中正平和的修养。《论语·学而》：“礼之用，和为贵。先王之道，斯为美；小大由之。有所不行，知和而和，不以礼节之，亦不可行也。”以礼别尊卑、序长幼、规范制度，但需以和为重。而和要为正、为善而行，要有原则，不能为和而和，而丢了礼的制约。既需要和，又能自觉地以礼规范之，以使每个个体中正、和平、和谐、和善。《荀子·不苟》：“夫诚者，君子之所守也，而政事之本也。”“君子养心莫善于诚。”唐·李翱《复性书》中：“明与诚终岁不违，则能终身矣。”《二程集·河南程氏遗书》：“要使诚意之交通，在于未言之前，则言出而人信矣。”做人要“诚”，要本真，要使自己做个通透之士，毫无利禄污秽的沾染。内心诚，处事真。人人以诚相待，远离欺诈诓骗，保持社会的净化和谐。严于律己，宽以待人，积极热心地立人、达人。勿以过喜而放肆，勿以恼怒而迁过于人，凡事有节。《诸葛亮集》："灵仙养命，犹节松霞。"《孟子·尽心上》："养心莫善于寡欲。"只有寡欲，才能做到诚，才能消弭怀诈相欺。中庸之德，使人修有天道，"生而不有，为而不恃，功成而弗居"（《老子》第二章）。为他人做了功德之事，默而不宣，绝不张扬己之才能和贡献，且持续不断地为周围人、天下人做有益之事，又绝不因此而邀功傲众。此等贤达之士如同《诗经·大雅·既醉》所说："孝子不匮，永锡尔类。"善风远播，久而久之，可形成社会的良风美俗，自然有益于洗去好勇斗狠、相互杀戮的野蛮风气，有利于人与人友善相处，和谐生活。

中庸思想要求人们的修养也要重视礼仪中正、仪表端庄。在中庸思想指导下，人们穿衣戴帽，行走坐卧，皆需中正、端庄。《论语·乡党》"割不正，不食"、"席不正，不坐"等等，深刻地影响着中华民族文化。

（二）社会管理价值

以中庸思想管理社会、管理国家易于公正、和谐，中庸思想反对极端，反对"富者田连阡陌，贫者无立锥之地"。所以孔子提出："有国有家者，不患寡而患不均，不患贫而患不安。盖均无贫，和无寡，安无倾。"孔子怕的是极度的"不均、不和、不安"，所以他一生为天下的"均、和、安"而苦苦求索。他奔走呼号，宣播了"孝、悌、忠、信"、"仁者爱人"、"修己治人"、"立人、达人"，又提出了"有教无类"的光辉命题。通过人伦道德的施教，使人与人之间的情绪逐渐缓和，这易于构建相对的均衡、和平、安定的社会。《礼记·礼运》载孔子说："大道之行也，天下为公。选贤与能，讲信修睦，故人不独亲其亲，不独子其子。使老有所终，壮有所用，幼有所长，矜寡孤独废疾者，皆有所养。男有分，女有归。货恶其弃于地也，不必藏于己；力恶其不出于身也，不必为己。是故谋闭而不兴，盗窃乱贼而不作。故外户而不闭，是谓大同。"孔子本中庸之道，倡导“均、和、安”，以至追求全民和乐、互敬互爱、去私为公的大同社会，这自然是从多数人利益角度思考社会问题的。《孟子·梁惠王上》：“明君制民之产，必使仰足以事父母，俯足以畜妻子，乐岁终身饱，凶年免于死亡。然后驱而之善，故民之从之也轻。”“五亩之宅，树之以桑，五十者可以衣帛矣。鸡豚狗彘之畜，无失其时，七十者可以食肉矣。百亩之田，勿夺其时，八口之家可以无饥矣。谨庠序之教，申之以孝悌之义，颁白者不负戴于道路矣。老者衣帛食肉，黎民不饥不寒，然而不王者，未之有也。”《孟子·滕文公上》：“无君子莫治野人，无野人莫养君子。”“乡田同井，出入相友，守望相助，疾病相扶持，则百姓亲睦。方里而井，井九百亩，其中为公田。八家皆私百亩，同养公田；公事毕，然后敢治私事，所以别野人也。”显然，这样设计治国理民方略，能保证人民有一定的产业，确保其基本生计，避免社会两极分化，确保社会的和谐。《荀子·王制》：“马骇舆则君子不安舆，庶人骇政则君子不安位。马骇舆则莫若静之，庶人骇政则莫若惠之。选贤良，举笃敬，兴孝弟，收孤寡，补贫穷，如是，则庶人安政矣。庶人安政，然后君子安位。《传》曰：‘君者，舟也；庶人者，水也。水则载舟，水则覆舟。’此之谓也。故君人者欲安则莫若平政爱民矣……”怎么解决民的问题，社会才能和谐？荀子说得好：“莫若平政爱民”、“惠民”。中正公平地对待民众，“乐民之所乐，忧民之所忧”，天下自然和平、安定。

（三）对建筑与审美的贡献

中庸思想融于中华民族的一切精神文明与物质文明之中。上述道德修养与社会管理仅是最为突显的两部分。而其在物质文明构建中也作出了重大贡献。中国历代名建筑、大建筑，中国人的服饰与所用器物均能体现中庸之道。

无论从资料上、考古出土文物上，还是从地面现存实物上看，中国从尧舜开始，尤其汉代以后传统建筑都有中轴线，无论多大面积的建筑，无论多少建筑，都有一个中心建筑物，由中心南北延伸成一条主线，其左右、东西两侧的建筑都是对称的。现存最早的宫殿式的庙宇建筑，有太原的晋祠，由其古树可鉴，其原始建筑之早，是全国现有地面建筑之最。其对称建筑、中轴体制格外显明。其次是曲阜孔庙，以大成殿为核心建筑，其本身十根巨型石雕盘龙柱，分列左右各五根，其正殿的圣像及左右陪侍者都是对称的。大成殿前后延长的中轴线上的建筑，还有左右分列的石碑亭，直至棂星门，甚至于多数古树也是对称的。孔府的建筑以及邹县孟府的建筑无不如此。泰安市泰山脚下的岱庙，也是有名的建筑，其中的天贶殿与曲阜孔庙大成殿、北京故宫太和殿号称中国古代建筑成就最大、规模最大、最具代表性的三大殿。孔庙、孟庙是汉唐建筑，北京故宫是较晚的明代建筑，而天贶殿周围画有宋真宗祭泰山一行图，由此可知天贶殿现在的建筑最晚也要早于宋真宗时代。由以上建筑便可看出，汉唐宋明的主要建筑物都是在中庸思想指导下施工的。东汉末年佛教传入后，佛教寺院、佛塔，都是在中庸文化影响下建筑的，所以至今留存的重要寺院如洛阳白马寺、五台山诸寺、嵩山少林寺、舟山普陀寺、西安大雁塔和小雁塔、杭州六和塔、山西应县木塔、河北定州砖塔，以及道教祖庭四川的青城山道观、江西龙虎山脚下的张天师府等建筑布局，一律是中轴对称式的。现在尚存的平遥古城、祁家大院、王家大院等城墙城楼、衙门、富家民宅都有力地说明了中国古代建筑都是受中庸思想影响而建筑的，甚至连出土的古墓葬也多为对称式。中国古代建筑不仅整体中轴对称，而其中的任何一个构件都是对称的、中正的。无论梁、柱、檩、椽、门、窗以及所有大木、小木、一砖、一瓦，无不是中轴对称式。正因为此，古代建筑架构坚实、平稳，几百年、逾千年的建筑且经过多次地震、风雨侵蚀等自然灾害，至今仍然四平八稳地傲然屹立于中华大地。

中庸思想影响下所制造的器物，多有遗存。以 1991 年由文物出版社出版的《故宫博物院历代艺术馆陈列品图目》所载的器物为例，诸如战国青铜粟文方壶（175）、战国青铜六瓣花纹敦（178）、战国青铜蟠虺纹编钟（184），汉代铜云纹钟（510）、汉代铜链梁壶（514）、汉代铜镜（531—535）、唐代花瓷双系罐（695）、唐代瓷盖罐（698）、唐代三彩双龙耳瓶（701）、宋代钧窑瓷戟尊（874）、宋代哥窑铒瓷炉、明代永乐青花缠枝小瓷碗（1018）、明代永乐青花桃竹纹瓷梅瓶（1021）、明代崇祯铜兽面四足鼎（1143）、清代乾隆玛瑙夔耳光素瓶（1315）、清代乾隆白地套蓝玻璃龙纹炉等等。战国至两汉的铜器与唐、宋、明、清官窑至今留有的所有烧制器物一律注重对称，注重中庸和谐理念的体现。

综上所述，中庸之道在中华民族精神文明、物质文明所有领域内都有它的充分体现。一切取于中，不偏不斜，无过无不及，上合天心，以尽万物之性；下合民意，以赢万众拥戴，易于使社会平稳和谐。

三、中庸思想的现代价值

中庸思想在中华民族历史上作出了重要贡献，但并未充分展示它的全部力量和价值。

（一）做人价值

现代的中国人不能抛弃民族优秀的传统伦理道德与做人的准则。人们冷静地思考后，有充分理由认为中庸思想仍然是现代中国人做人的准则。既要遵循以“诚”为本的中和之道，也要与时俱进。而遵循做人的基本准则非为泥古，非为守旧。事实上新时期所弘扬的中庸之道是进一步发展了、适于今用的中庸之道。中庸本身就有“时中”、“事中”的内涵，所以今日倡导之中庸，本身就是与时俱进的。

做人各尽其职，名副其实。《中庸》第十四章：“君子素其位而行，不愿乎其外。素富贵，行乎富贵；素贫贱，行乎贫贱；素夷狄，行乎夷狄；素患难，行乎患难。君子无入而不自得焉。在上位不陵下，在下位不援上，正己而不求于人则无怨。上不怨天，下不尤人。”一个人首先要明确自己是干什么的，应该做什么，怎么去做。自己在什么位置，就要考虑自己的职分是什么，应负什么责任。所作所为，所思所言，都要符合自己的身份、地位。不要去想、去苛求分外之事、分外之利。居于高位，就要做好高位应该做的事；处于低下地位，就要做好符合低下身份的事；居于边远民族地区，就要做好适合当地习俗的事；处于患难之中，所作所为就要适合患难环境。如果一个人无论到哪里，无论处于什么位置，都能把事情做好，就都会自得其乐的。居于上位，不欺凌下级；居于下位，绝不攀高结贵；严格端正自己而不责求别人，自然就无怨愤。既不埋怨天，也不怪罪人。只是在自身找失败的原因，找错误的教训。

做人要有亲情、友情，要有社会责任感。《中庸》主张，做人做事要公平公正，无偏私，要合群，为群体谋福利；以人为本，注重和谐。做人首先要对父母感恩戴德，由衷敬爱，关心父母；要友爱兄弟姐妹，要有亲情、友情。由此而扩展到关爱同事、邻里以至天下人。宋代张载认为，一个人在天地间是有责任的，要“为天地立心，为生民立命，为往圣继绝学，为万世开太平”。人们应该有大抱负、大志向，“天下兴亡，匹夫有责”。一个真正有责任感的人，就会为天地间立正气，为人世间形成良风美俗而率先垂范，就会为弘扬中华文化之精髓——中庸之道而“正其谊不谋其利，明其道不计其功”（《汉书·董仲舒传》），就会为人民群众的利益而呕心沥血，就会为开创和谐、安定社会而贡献出自己的全副精力。做人在任何情况下，不能走极端，一定要全面地、历史地看问题。

做人要明、要诚。《中庸》第二十一章：“自诚明，谓之性；自明诚，谓之教。诚则明矣，明则诚矣。”做人应该达到“诚”、“明”。“自诚明”是真正融会贯通地明白了道，这是天性；“自明诚”是明白了道逐渐融会贯通，这是教育。一般人都是先受了教育明白了道理，逐渐融会贯通。新时期的中国人，任重而道远，肩负着开创万世太平、安康的使命，所以应努力学习现代科学文化，积极弘扬优秀传统文化。真正对自己学习、工作领域的文化技术融会贯通，明于事理，诚恳待人，对待工作精益求精。对任何一项工作，都能尽心尽力，不为后续者留麻烦，仰天俯地绝无惭愧。

做人要与时俱进。《中庸》第二十八章：“子曰：‘愚而好自用，贱而好自专，生乎今之世，反古之道。如此者，烖（灾）及其身者也。’”孔子认为一个人不诚、不明，愚昧无知还自以为大，专横跋扈，生在今天，却幻想返回古代的为人处世的方法，如此下去，他一定会遭殃的。做人一定要克服泥古守旧，一定要“吐故纳新”。《韩非子·五蠹》：“宋人有耕者，田中有株，兔走触株，折颈而死，因释其耒而守株，冀复得兔，兔不可复得，而身为宋国笑。今欲以先王之政，治当世之民，皆守株之类也。”“故曰：世异则事异。”“故曰：事异则备变。”时代变了，出现的问题随之改变，面对的问题变了，处理问题的思维方法、采取的措施都应随之改变。每个人都应跟上时代步伐，与时俱进。要积极弘扬中华优秀文化，积极学习研究新生事物，不断进取，不断适应社会发展的新需要。

中庸思想于今日的做人价值，是多方面的。今人当以取经求法之心，诚明其道，付诸践行。

（二）为政价值

中庸思想之于社会和谐，是需要通过人的中庸，尤其需要通过官的中庸去发挥作用，方可大见成效。官是民的纲，善治国者，很懂抓纲的道理，所以官员的思想观念更新、与时俱进、时时事事用中正之道去处理本职工作是最为重要的。因官员的中庸将带动民众的中庸，就易于形成社会的和谐。官员首先应切实地提高自身素质。《中庸》第二十章：“博学之，审问之，慎思之，明辨之，笃行之。有弗学，学之弗能，弗措也；有弗问，问之弗知，弗措也；有弗思，思之弗得，弗措也；有弗辨，辨之弗明，弗措也；有弗行，行之弗笃，弗措也。人一能之，己百之；人十能之，己千之。果能此道矣，虽愚必明，虽柔必强。”

为官者要做民众的楷模、表率。官，甲骨文为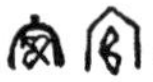，康殷《文字源流浅说》：“用人引弓之室以表示官，官的初意或指统治阶级习射之所，或用引弓形以示权威，引申而有‘朝廷治事之所’、‘职也’之意。”《管子·海王》：“桓公曰：‘然则吾何以为国?’管子对曰：‘唯官山海为可耳。’”郭沫若等集校引马元材云：“‘官’即‘管’字之假借。”又《山国轨》：“君皆善官而守之。”郭沫若等集校按：“官，犹管也。”（见《汉语大字典》第922页）其实，康殷的“朝廷治事之所”，就是管事的地方。所以综上两者，“官”可以作“管”字讲。官，是管事管人的意思。今天的做官者应是为民众管事的人。为民众管事，带领民众去创建和谐社会生活，就必须是中庸之士，道德高尚，思想端正，办事精明干练。《论语·颜渊》：“政者，正也。子帅以正，孰敢不正?”“君子之德风，小人之德草。草上之风，必偃。”《荀子·君道》：“君者，盘也；民者，水也。盘圆而水圆。君射则臣决。楚庄王好细腰，故朝有饿人。”“以其昏昏使人昭昭”（《孟子·尽心下》）是不可能的，所以为官者要做民之楷模，就必须不谋私利，艰苦之事身先士卒，做群众的亲人。顺境不荒，不失终身之大志；逆境不溃，勇往直前。

为官者要有“群”的观念。做官者应是最善于把人民大众凝聚起来的人、最合群的人、最能使群众得到利益的人、最能使群众安居乐业的人。《中庸》第六章讲，舜之所以为舜，就在于舜喜欢向众人求问，考察周围群众的看法，“执其两端，用其中于民”。大多数人的意见，就是舜的看法。舜的群众观念强，依靠大多数人的支持，所以才能成就大事业。《荀子·王制》：“君者，善群也。”管理者就是善于把众人团结起来，形成合力；善于为群体谋福利；善于调动大家的积极性。《论语·颜渊》：“子曰：‘出门如见大宾，使民如承大祭。己所不欲，勿施于人。在邦无怨，在家无怨。’”要尊重人民大众，使役民众必须怀着感激的心情，如同祭祀天地、祖先一样严肃敬畏，不把痛苦强加于人。诚能如此，无论在国在家都会得到民众拥戴的。有了民众的支持，工作才能卓见成效。

为官者既要“尊贤”，也要“亲亲”。尊重人才，尊重贤达之士，重用人才，是做好管理工作的前提。《论语·为政》：“哀公问曰：‘何为则民服？’孔子对曰：‘举直错诸枉，则民服；举枉措诸直，则民不服。’”选拔优秀人才作为群众的带头人、管理者，群众就心悦而诚服；安插劣等人在群众头上作威作福，群众就坚决不服从。所以，历代善管理者无不重视“尊贤”、用贤的问题。而重视亲情、宗族血缘关系的管理方法，争议多一些。《中庸》第二十章：“凡为天下国家有九经，曰：修身也，尊贤也，亲亲也，敬大臣也，体群臣也，子庶民也，来百工也，柔远人也，怀诸侯也。”其中把“尊贤”、“亲亲”并列，认为二者是管理国家并需之经。这充分体现了《中庸》管理思想广泛而丰富，不偏用任何一种做法，不绝对化。《吕氏春秋·长见》：“吕太公望封于齐，周公旦封于鲁，二君者甚相善也。相谓曰：‘何以治国？’太公望曰：‘尊贤上功。’周公旦曰：‘亲亲上恩。’太公望曰：‘鲁自此削矣。’周公旦曰：‘鲁虽削，有齐者亦必非吕氏也。’其后，齐日以大，至于霸，二十四世而田成子有齐国；鲁日以削，至于觐存，三十四世而亡。”有力地说明了管理不仅是“尊贤上功”有利，“亲亲上恩”也有利。中庸主张二者并用，实在高明。朱熹称：“中正和平，无所偏倚是也。”（《朱子语类》卷八）这样管理，有利于调动一切可以调动的积极力量，有利于“内举不避亲，外举不避仇”，有利于团结各方面人士一同去完成奋斗目标。

为官者要统观全局，高瞻远瞩。《中庸》第十二章：“《诗》云：‘鸢飞戾天，鱼跃于渊。’言其上下察也。君子之道，造端乎夫妇；及其至也，察乎天地。”其要义为中庸之道虽基于夫妇、家庭，但真要达到一定的境界，需达到明察天地之程度。为官者欲把自己范围内的事管好，需统观全局，高瞻远瞩。《商君书·更法》："愚者暗于成事，智者见于未萌。"为官者一定要有长远、广阔的预见能力，先于众人做好迎利避害的思想准备。只有如此，才能"使先知觉后知，使先觉觉后觉也"（《孟子·万章上》），才能有效而有力地带领民众去完成共同的事业。

为官者要为而弗有，有而弗恃。做官者要合天道人心，要有公心，要有为民解困谋福之心，不为自己聚敛财富。《老子》第七十七章："天之道，损有余而补不足；人之道则不然，损不足以奉有余。孰能有余以奉天下？唯有道者。"官员要习惯持有"补不足"的思想与行动，做事要合乎大众的意愿。效法大自然为天下人做好事不留痕迹，不表功劳，努力为大众效力而不张扬，更不依仗自己的贡献而傲视群众，而应谦逊待人，永享人间的滋养，其力量将是无比强大的。《中庸》第十七章："故大德必得其位，必得其禄，必得其名，必得其寿。"

综上五点，为官者，当行中正、中和、爱民、惠民之道，将大利于建构和谐社会。

历史证明，中庸之道、中和之道不能丢，它对弘扬中华民族优秀文化、提高人民素质是大有价值的。它不但不影响中国向西方学习科学技术，而且有助于学习西方科学技术后，更好地为中华民族所用。不仅不妨碍中国强大，而且有助于中国强大。历史将继续证明，中庸思想润溉下的中国内政外交一定会取得更加辉煌的成就！

刘兆伟
2015年8月

（刘兆伟先生系沈阳师范大学二级教授，国务院政府特殊津贴获得者，曾荣获辽宁省优秀教师、全国优秀教师等荣誉称号）

第一章

第一章之一

天命之谓性，率性之谓道，修道之谓教。

译文

大自然赐给人的基本素质就是人性，循人性思考、行事就是正道，学正道、弘扬正道、传播正道就是教育。

诠评

天命，自然使人享有禀赋，即天给人禀赋。性，即人性，自然使人享有的禀赋。率性，循顺自然本性。道，循顺自然本性而行事。修道，研究道、学习道，使人学习道、弘扬道。教，即教育、教化。

孟子认为人与生俱来具有善性。人的善性是大自然赐给的，人人皆然。但与生俱来的善性只是善端，并不是完整的、成熟的善性。欲使善端成为成熟的善性，需要依循人的本性即善的本性去思考、研究、弘扬善性的问题，这才合于自然的大道，即合于人的本性之道。人人应该学道、研究道、弘扬道，为道化人、育人。于此讲明了“性、道、教”三者的关系，循性、修道才是真正的教育；如缺乏教育，性将遭污受泯；不得率性而修之道，人们将无所遵循，违道胡为，背谬大自然规律，当然不祥。所以，只有重视教育，循人性本真而修行人道规范，建立人道秩序，社会才能正常运行，全国上下才能形成一派良风善俗的和谐氛围。

名家点评

郑　玄：天命，谓天所命生人者也，是谓性命。

孔颖达：天本无体，亦无言语之命，但人感自然而生有贤愚，吉凶若天之付命遣使之然，故云天命。

朱　熹：命，犹令也。性，即理也。天以阴阳五行化生万物，气以成形，而理亦赋焉，犹命令也。于是人物之生，因各得其所赋之理，以为健顺五常之德，所谓性也。率，循也。道，犹路也。

袁　甫：《中庸》一书，穷理尽性至命之书也。子思揭诸篇首，曰：天命之谓性，性不离命，命不离性，性命不离中庸。知中庸则知性命矣。

李　贽：一部《中庸》，只是一个“修道之谓教”。“戒慎”、“恐惧”，正是修也。所以必欲修者，以一人之“中和”为天下之“大本”、“达道”故也。

康有为：人，非人能为，天所生也。性者，生之质也，禀于天气以为神明，非传于父母以为体魄者，故本之于天。《易》曰：“乾道变化，各正性命也。”率，循也。循人人公共禀受之性，则可公共互行，故谓之道也。修，治也。道者，可行之谓，尚多粗而未精；善道者，以其法传之人人，故谓之教也。言孔子教之始于人道，孔子道之出于人性，而人性之本于天生，以明孔教之原于天，而宜于人也。

第一章之二

道也者，不可须臾离也，可离非道也。是故君子戒慎乎其所不睹，恐惧乎其所不闻。

译文

人的正道，无论何时都不能离开，可以离开就不是人的正道了。所以君子在别人看不到之处，也要警戒审慎地严格约束自己；在别人听不到之处，仍怕产生坏名声。

诠评

为人处世的善良人道，纲常伦理，是做人不可瞬间丢掉的。丢掉了，就不是正常的人了。袁甫《蒙斋中庸讲义》：“中庸之道，天命之性也。离道是自离性命也。性命可须臾离乎?”不可离，就要恪守中道常理。所以君子唯恐有所闪失，于是在保持操守、养心保性等方面终生都是“战战兢兢，如临深渊，如履薄冰”，于无人监督处行事，犹如天地神灵众目所视，众手所指；在别人听不见之地所作所为犹如雷霆广闻，自己一切言行皆呈于光天化日之下；绝不自作聪明，从不自以为心中阴暗他人难以察觉。所以无论何时、何地、何种情况，都应严于律己，以人性正道规范自己。

名家点评

钱　时：道者率性之谓，才不率性，即为非道，安可须臾离乎？此君子所以戒谨恐惧于不睹不闻之时也。睹而后戒谨，闻而后恐惧，则已晚矣。此正是做不可须臾离工夫。一意之起，一念之动，便离了。

李　贽：首明道之本原出于天而不可易，其实体备于己而不可离。

张　岱：杨子常曰：“意所偶欲曰‘须’，瞬所未合曰‘臾’。”辛复元曰：“‘戒惧’是静中主敬，‘慎独’是方动研几。静中主敬，私欲无端而起；方动研几，私欲无得而滋。”

第一章之三

莫见乎隐，莫显乎微，故君子慎其独也。

译文

再隐蔽的背道思想没有不暴露的，再细微的违性心理没有不显现出来的，所以君子独处之时，一定要严谨审慎地以正道行事。

诠评

前句论“君子戒慎乎其所不睹，恐惧乎其所不闻”，即人们“不睹”、“不闻”之处之事都要“戒慎”。此句论“隐”、“微”之处都要审慎。隐，是指思想深处。思想深处的意念也不可污浊，千万别以为别人不知道就不是错。自己知道本身就是昭然于世。全凭自觉自律地严格约束、控制自己。久而久之，由自觉自律变而为自由、自然的内心规范，即孔子所谓“七十而从心所欲，不逾矩”。修养是终生的大事，不能有任何疏忽。再说了，即使隐埋在心底的恶念，哪怕细微的贪心，都是掩盖不了的。只有诚心诚意地修养自己，就是笨拙一些，“虽不中，不远矣”。

名家点评

朱　熹：人虽不知而己独知之，则是天下之事无有著见明显而过于此者。是以君子既常戒惧，而于此尤加谨焉，所以遏人欲于将萌，而不使其滋长于隐微之中，以至离道之远也。

钱　时：自以为隐也，而不知莫见于此焉；自以为微也，而不知莫显于此焉。隐即见，微即显，非二事也，可不谨欤！故又申之曰：谨其独。独即是心之隐微，不睹不闻处。舜之兢兢业业，文王之小心翼翼，吾夫子之颠沛造次必于是，皆谨独之谓也。所以修也，所以为教者也，所以率性而不离于道也。

袁　甫：谨独非他，常中而已，不离道而已。非不离也，无可离也，离将安之？

康有为：独者，无人之所也。屋漏如坐大廷，萌念如出皎日。神人卷舒阖辟，经权正变，各因时宜，而其内神明湛然，与天相见，与万灵相接，故渊默雷声，物与无妄也。盖至诚为对天下之本，故以慎独为保性之方。本原一伪，万行皆漓，戒之戒之。入道之基，虽复神圣，先慎隐微也。

第一章之四

喜怒哀乐之未发，谓之中；发而皆中节，谓之和。中也者，天下之大本也；和也者，天下之达道也。致中和，天地位焉，万物育焉。

译文

喜怒哀乐的情感没有表现出来，就是不偏不倚的中；情感表现出来，都合乎规范，就是和。中是天下万事万物的根本，和是天下万事万物的畅达之路。如能达到中和，天地各正其位，万物都能得到很好的繁育。

诠评

此节集中论“中”的深层含义，即本质所在，回答了何谓中、何谓和。

程颐说：“不偏之谓中。”朱熹说：“不偏不倚，无过无不及。”可见，这两位权威所释更注重人们行为的外部规范，即从礼的角度而论。其实“喜怒哀乐之未发，谓之中”，从乐的角度看更注重人们行为的内部规范。即《中庸》在修行的基础上更注重修心，修好了心，那行自然就修好了。所以，《中庸》更注重人的修养根本。和字的原形是；是禾苗，于此为和字的音；是一排长短不齐的竹管乐器，代表众多的不同声音；是管乐器的孔，代表众多乐器的不同声音配合在一起后的和谐，即“发而皆中节，谓之和”。

《礼记·乐记》："乐者，天地之和也；礼者，天地之序也。"众声"屈伸俯仰，缀兆舒疾"都是为了成乐，成乐就达到了和。所以"喜怒哀乐"众声发生伴随各自应有的节制，就会达到和、和谐。中是一切事物存在之根本；偏、斜，过分放、流的事物都会倏忽消亡。和是天下最畅通之路，有了和，一切皆通。达到了中和，天地万物才能正常运行，正常生长。钱时《融堂四书管见》："中则和矣，和则无非中矣。非中之外别有所谓和也。观'大本'二字，岂是寻流逐末者所可知哉？学者往往于喜怒哀乐未发之先不知所以用力之地，而但求中节于既发之后，是犹无根之木、无源之水，望其流行畅茂，无是理也。"欲使"喜怒哀乐发而皆中节"，则必须在"未发"之时加强修养，时有准备，一旦有所"发"时，一定适中。不是在"发"时，或既"发"，临时采取节制措施。所以此章所论"发"与"未发"都是强调事先积极修养，持中不苟。

名家点评：

郑　玄：中为大本者，以其含喜怒哀乐，礼之所由生，政教自此出也。

孔颖达：喜怒哀乐缘事而生，未发之时，淡然虚静，心无所虑，而当于理，故谓之中。不能寂静，而有喜怒哀乐之情，虽复动发，而皆中节限，犹如盐梅相得。性行和谐，故云谓之和。

朱　熹：致，推而极之也。位者，安其所也。育者，遂其生也。自戒惧而约之，以至于至静之中，无少偏倚，而其守不失，则极其中而天地位矣。自谨独而精之，以至于应物之处，无少差谬，而无适不然，则极其和而万物育矣。盖天地万物本吾一体，吾之心正，则天地之心亦正矣，吾之气顺，则天地之气亦顺矣。

第一章，子思述所传之意以立言。首明道之本原出于天而不可易，其实体备于己而不可离，次言存养省察之要，终言圣神功化之极。盖欲学者于此反求诸身而自得之，以去夫外诱之私，而充其本然之善，杨氏所谓一篇之体要是也。其下十章，盖子思引夫子之言，以终此章之义。

康有为：性体既得其中，则发而为喜怒哀乐，其轻重大小高下，必能如乐歌之分刌，微渺皆曲中其节，故谓之和。发施无少乖戾，则可通行之于天下。古今而无不得其安，故谓天下之达道也。

第二章

仲尼曰："君子中庸，小人反中庸。君子之中庸也，君子而时中；小人之中庸也，小人而无忌惮也。"

译文

孔子说："君子行事无过无不及，恰到好处；小人行事与之相反。君子行事的无过无不及，是说君子在不同时间、不同地点、不同问题上都做到无过无不及；小人对待中庸，是指小人在一般问题上都是不自律、放肆而无顾忌的。"

诠评

此处所论"时中"是中庸的最大特点、最高境界。中庸本是孔子、孟子主张的修养的最高境界，也是处理问题的最佳方法与途径。而中庸的最高境界是对任何事物、任何人以及他们在任何时间、任何变化了的情况下，都能做到中，即中和、中正。《孟子·尽心上》："执中无权，犹执一也。"《融堂四书管见》："中庸，平常。初非奇异，百姓日用非高非难。君子者顺此者也，小人者反此者也。斯道也，无所不在，无所不通，必达乎权，而后无须臾离耳。君子时中，所以中庸；而小人则以无忌惮为中庸者也，犹言以妄为常也。"此"权"为权变。中庸的高明之处，不可战胜之处，就在于权，就在于因事、因情、因时而采取富有针对性的措施以解决问题。

如机械地注意"中"，而不能具体问题具体分析，那么死抱一事一理之"中"，而去套用万事万物，就是执偏，执一端，而不是中。可见，中庸绝不是死守一事一时之理，而是有“时中”、“权”作保障，这才是永恒的真理。君子、小人之别就在于对待中庸的态度。二者态度所以有大别，就在于小人毫无敬畏之心、戒惧之心、感恩之心，任性纵欲，借用不能固守“执一”之名，以放纵其“无忌惮”之本质。违背人性自然之道，当然就远离中庸。而君子反对固守一事一时之理，强调“时中”、“事中”，无须臾之间违道，独处之时也丝毫不离道。“莫见乎隐，莫显乎微。”正如《大学》所说：“人之视己，如见肺肝然。”所以君子虽独处，却时时感到“十目所视，十手所指”，诚惶诚恐，“战战兢兢，如临深渊，如履薄冰”，唯恐行为逾越礼的规范，深怕思想有所不端，且能时时事事如此。当然“君子之中庸”不只是不逾越规范，还注重防止不及。正如清代戴震《孟子字义疏证》一书所论：“性之欲之，不可无节也，节而不过，则依乎天理，非天理之为正，人欲之为邪。夫天理者，节其欲而不穷人之欲，是故欲不可穷，非不可有。有而节之，使无过情，无不及情，可谓非天理乎！”即君子防止的是“过情”，也要防止“不及情”。这才是孔孟学脉的真正中庸之道。

名家点评

郑　玄：庸，常也；用中为常道也。反中庸者所行，非中庸，然亦自以为中庸也。

孔颖达：君子之为中庸，容貌为君子，心行而时节其中，谓喜怒不过节也，故云君子而时中。

朱　熹：中庸者，不偏不倚、无过不及，而平常之理，乃天命所当然，精微之极致也。惟君子为能体之，小人反是。

盖中无定体，随时而在，是乃平常之理也。君子知其在我，故能戒谨不睹、恐惧不闻，而无时不中。小人不知有此，则肆欲妄行，而无所忌惮矣。

康有为：君子当因其所处之时，观其会通，以行其典礼。上下无常，惟变所适。别寒暑，而易裘葛，因水陆而资舟车。道极相反，行亦相反，然适当其时，则为此时之中庸，故谓之时中。若守旧泥古，而以悍狂行之，反乎时宜，逆乎天运，虽自谓中庸，而非应时之中庸，则无忌惮之小人而已。

第三章

子曰："中庸其至矣乎！民鲜能久矣！"

译文

孔子说："中庸是道德的最高境界！长久以来，一般人很少能达到此境界！"

诠评

孔子以前的历史人物，没有修养至中庸之程度者，诚如孟子所言孔子"生民未有"，"出于其类，拔乎其萃"。意谓，如孔子者从来没有过，像孔子那样思想境界的中庸思想当然就没有过。《融堂四书管见》："世道衰微，以无忌惮为中庸者皆是，是以鲜能。能者鲜，愈见其为至耳。"到了孔子，提出了中庸的境界是人类修养的最高境界。回首历史，有人类以来，漫长的人类社会"民鲜能久矣"。应如此理解，长久以来人们很少能做到中庸。孔子、孟子等圣人讲话留有余地，不绝对，其实他们之前是没有达到中庸境界的。

名家点评

郑　玄：鲜，罕也。言中庸为道至美，顾人罕能久行。

朱　熹：过则失中，不及则未至，故惟中庸之德为至。然亦人所同得，初无难事，但世教衰，民不兴行，故鲜能之，今已久矣。

张　岱：过则失中，不及则亦失中，皆名未至，则知贤、智、愚、不肖之同为不及也，而后可以愧天下之隐怪而迷者矣。

康有为：天下之道教多矣，然如耳目鼻口，各得一偏，寡能齐天地之容，协群生之宜者。惟孔子中庸之道，虽极平常，而实诣其至极，惜诸子之偏衺，而不能为也。民，谓当时诸子之徒。

第四章

子曰："道之不行也，我知之矣，知者过之，愚者不及也；道之不明也，我知之矣，贤者过之，不肖者不及也。人莫不饮食也，鲜能知味也。"

译文

孔子说："道行不通的原因，我知道了，智慧的人超过了现实，愚昧的人落后于现实；道得不到发明的原因，我知道了，修养高超的人把道理解过了，修养差的人，对道理解得不够。人们没有不吃饭、不喝水的，但很少能知道饮食的真味。"

诠评

此章主要论述道不得施行与道之不明的原因，在于过与不及。所以对道的理解，对道的实施，均需本中庸之道；如偏离中庸之道去弘扬道、践行道，都是不可能成功的。如此看来，中庸则为行道之法了。而行道之法中庸得以实施了，所行之道自然得以落实。中庸，是用不偏不倚的平常之理去修己待人，如同吃饭喝水一样平常，但吃喝之中却蕴含着中庸之道。如不努力认真修养，吃饭喝水的道理也是不明白的，当然就不会得到中庸之道了。

名家点评

郑　玄：罕知其味，谓愚者所以不及也。过与不及，使道不行，唯礼能为之中。

朱　熹：道者，天理之当然，中而已矣。知愚贤不肖之过不及，则生禀之异而失其中也。知者知之过，既以道为不足行；愚者不及知，又不知其所以行，此道之所以常不行也。贤者行之过，既以道为不足知；不肖者不及行，又不求所以知，此道之所以常不明也。道不可离，人自不察，是以有过不及之弊。

张　岱：将日用处指出道体，从舌根上拈出真味，不可作喻解。饥者易食，渴者易饮。一易字，不知瞒过多少味矣。究而言之，辨淄渑之易牙，也算不得知味者。

康有为：口舌至浅，而知者已难，故云三世长者，乃知饮食。故非累生学道，亦不能信从孔子之教也。

第五章

子曰："道其不行矣夫!"

译文

孔子说："中庸之道难以实施啊!"

诠评

孔子感到中庸之道与社会现实差距太大，中庸之道难以实施。孔子充分认识到行道之艰难后，虽感时艰而叹息，但并不退缩，而是千方百计地去努力、奋斗。其实《论语·泰伯》曾子说："士不可以不弘毅，任重而道远。仁以为己任，不亦重乎？死而后已，不亦远乎?"讲的正是孔门师生为行道而终生奋斗的精神。《公羊传·宣公八年》说："知其不可而为之也。"《论语·宪问》载守石门的人说孔子"是知其不可而为之者"，恰似孔子的行道精神。《论语·微子》载隐士桀溺说："滔滔者天下皆是也，而谁以易之?"而孔子听子路转达后说："天下有道，丘不与易也。"正因为天下无道，天下行道难，所以孔子才奔波传道、推行道。绝不是见到行道太难，就不努力了，而是加倍努力。

名家点评

郑　玄：闵无明君教之。

朱　熹：由不明，故不行。

康有为：孔子制作既毕，自知天命，然横览滔滔，诸子横流，尚深恐其不行，而叹息之也。

第六章

子曰："舜其大知也与！舜好问而好察迩言，隐恶而扬善，执其两端，用其中于民，其斯以为舜乎！"

译文

孔子说："舜啊！他真是大智慧的人啊！舜喜欢请教贤人而又能省察周围人的建议，不揭别人之短而宣扬其善良美好。控制过与不及的两个极端，用中庸正道去治理人民。这大概就是舜的本真吧！"

诠评

此章所论是如何用中庸。孔子认为舜是大智慧的圣人，其理由有三：一是舜孜孜不倦地向圣贤求教以不断地提高自己，"好问"使所闻者广，幽远之事无不了如指掌；对周围亲近人的看法不一味苟同，而要审察、分析，然后决定取舍，这自然避免偏听偏信。第二，舜这位高明的管理者，具有博大的胸怀，包容他人的短处、错误，甚至是罪恶，而对他人的善行善念，哪怕一点点，也予以褒奖、宣传。第三，舜自己在施治过程中，总是严谨地控制过与不及两个极端，以中和、中正之道去治国理民。这三点高度地概括了儒家治国兴邦的最高理想的作为。此章宣扬舜的伟大，是儒家树立了其所追求的统治者的标杆、楷模。这三方面于今日社会仍有其实践价值。此章所论，诚可谓两千多年来恒常之理。

名家点评

郑　玄：近言而善，易以进人，察而行之也。两端，过与不及也。用其中于民，贤与不肖皆能行之也。

朱　熹：舜之所以为大知者，以其不自用而取诸人也。迩言者，浅近之言，犹必察焉，其无遗善可知。然于其言之未善者则隐而不宣，其善者则播而不匿，其广大光明又如此，则人孰不乐告以善哉。两端，谓众论不同之极致。

张　岱："程子曰：'造道既深，虽闻常人言，语浅近事，莫非义理。是大知人，能问，能察，能隐扬，能执用；不是由问察乃有知。'""用其中于民"，是把此"中"用于民上，不是用民之"中"。此见舜之行道处。

康有为：大知莫如舜，学者宜从之。凡愚之惑，多蔽于亲近之言，以易先入而易中也。舜则多问天下之通人，而于亲近之言察之，而不为所蔽。所闻之通人多矣，弃其恶而举其善。就善之中，尚有毗刚毗柔、畸仁畸义两端，又允执其中，施以为道，此舜之所以得中庸也。

第七章

子曰："人皆曰予知，驱而纳诸罟擭陷阱之中，而莫之知辟也。人皆曰予知，择乎中庸而不能期月守也。"

译文

孔子说："人们都说自己有智慧，乱跑落入罗网陷阱之中，却不知躲避。人们都说自己聪明，选择了中庸之道，却不能坚守一个整月。"

诠评

自以为智者，往往是大不智。因其思忖、追求小利而失大义，离群索居，独断专行，善恶不分，偏执一端，灾难将临尚不知晓。

真正智者，当法舜之行事，即前章所言："好问而好察迩言，隐恶而扬善，执其两端，用其中于民。"诚能如此，则绝不会误入歧途，陷入机关与罗网，而所选择的中庸之道也就能恪守不移了。而不能全身心学习舜之为人者，即不能恪守中庸之道者，虽声称自己智慧，充其量只是小伎俩。《论语·子张》："虽小道，必有可观者焉；致远恐泥，是以君子不为也。"为什么君子不为小道，因为小道急求名利而忽视中庸大道。愈以为聪明者，离大道愈远。《孟子·尽心下》孟子说盆成括："其为人也小有才，未闻君子之大道也，则足以杀其躯而已矣。"所以自作聪明而不认真修道者，总不能摆脱种种的谬误纠缠，甚至招至杀身之祸。此所谓陷阱、机关、罗网、坎坷，不是实指，而是种种违礼失范后所遭祸殃的比喻。总之，不守中庸之道非智也，恪守中庸之道者乃为真正智者。

名家点评

郑　玄：凡人自谓有知，人使之入罟，不知避也。自谓择中庸而为之，亦不能久行，言其实愚又无恒。

朱　熹：言知祸而不知辟，以况能择而不能守，皆不得为知也。

张　岱：顾泾阳曰："舜惟不自以为知，所以成其大知。误处全在'人皆曰予知'五字上。"

康有为：天下之学者，皆自以为知者，然未从中庸之道，未几即为异教所诱。是无异舍康庄之大道，而入罟擭陷阱也。而尚自谓其知，其愚可悯矣。

第八章

子曰："回之为人也，择乎中庸，得一善，则拳拳服膺而弗失之矣。"

译文

孔子说："颜回的为人啊，总是选择中庸而行，一旦得一行善的体会，就牢记胸中，而决不丢掉它。"

诠评

孔子认为智愚之别的根本就是能否中庸，不在于一时一事的功过是非。而能否做到中庸就是能否积善成德。如能不断积累善心善行，面对任何人、任何事都能先端正自己，以中正之道去对待他们。不断修养下去，久而久之，自然凡事则选择中庸之道而行之。这样的人就是真正的智者、聪明人。此章以赞颜回善择中庸、得善而善守不失，而倡导要明晰何谓真正的中庸，要选择准确而恪守不移。决不能以乡愿为中庸，决不能以固执一端为中庸。勿忘中庸最高境界是"时中"、"事中"。所以人们恪守中庸应抓准，抓住"时中"、"事中"。这才是孔子赞颜回"拳拳服膺而弗失之"的深层内涵。

名家点评

郑　玄：拳拳，奉持之貌。

朱　熹：拳拳，奉持之貌。服，犹著也。膺，胸也。奉持而著之心胸之间，言能守也。

袁　甫：惟明性者，乃能择善。已性不明，虽满目皆中庸，安能择而守之。

张　岱：其“择乎中庸”之时，偶“得一善，则拳拳服膺而弗失之矣”。“则”字说得紧严，“矣”字说得决绝，有泰山不让土壤，故能成其高，河海不择细流，故其成其大意。浅近之地，得其高深，正见中庸之妙。

康有为：能不惑于他途，而得中庸之道者，颜氏之子其殆庶几乎！得一善而服守不失，故尽万善而兼贯靡遗。颜子仁者，能守中庸。

第九章

子曰："天下国家可均也，爵禄可辞也，白刃可蹈也，中庸不可能也？"

译文

孔子说："天下国家，经过努力可使之达到相对均衡；显位高俸，为了正义可以离之而去；为了正义，可以上刀山、赴火海；中庸就不可能做到吗？"

诠评

此章郑玄认为是讲"中庸难为之难"。孔颖达认为："言在上诸事虽难犹可为之，唯中庸之道不可能也。为知者过之，愚者不及，言中庸难为之难也。"朱熹认为："三者亦知、仁、勇之事，天下之至难也。然皆倚于一偏，故资之近而力能勉者，皆足以能之。至于中庸，虽若易能，然非义精仁熟，而无一毫人欲之私者，不能及也。"以上郑玄、孔颖达两论，均称"中庸难为"，重申"中庸不可能"。而朱熹则认为"知、仁、勇"天下至难之事，"皆倚于一偏"，不是中庸，所以"难而易"，而中庸则较之三者，更为难以做到，所以做到的人少。朱熹并未照字面把话说绝对了。事实上是绕开了常用的讲法，即朱熹也不认为孔子本意是"中庸不可能"，但又不愿意否定常规讲法，于是绕了弯子讲了"三者难而易，中庸易而难，此民之所以鲜能也"。能做到的人很少，不等于没有人做到。清张岱《四书遇》："问天下国家可均，而中庸何以不可能？曰汉高祖、唐太宗皆所谓均平天下之人，而以语乎中庸之道，能乎？不能乎?”对此说提出了疑问。

事实上古来讲法恐有误。前后章的内在逻辑是严谨的，第七章写一般人“择乎中庸，不能期月守也”，第八章写颜回“择乎中庸，得一善，则拳拳服膺而弗失之矣”，紧接于此，不可能写“中庸不可能”，因为照颜回那样做下去中庸就能实现了。颜回做个榜样写到这里，紧接着是要告诉人们，只要努力去弘道，兢兢业业，“惟精惟一，允执厥中”，就能达到中庸。这是合乎逻辑的，不能像以上诸家所论那样。孔子根本不会论了好多，最后告知人们“中庸不可能”。那么，究竟怎么理解呢？前论至难做到的三件大事，经过努力均可做到，难道中庸就不能做到吗？这言外之意是说，经过努力修养，像颜回那样，中庸是能达到的。这样理解可能接近圣人的本意。圣人从不把话讲绝对了，万事万物本来都不是绝对的，何况圣人提出的最高修养境界。即使佛祖释迦牟尼提出的修养境界也是宣称，只要努力去做，就能达到成佛的目的。尤其禅宗为适合众心众意，提出“飏下屠刀，就地成佛”的命题，为千百万大众广开了成佛的希望之门，以利于佛教到中国后得到广泛的欢迎与拥护。难道中国伟大的圣人不知道这个道理吗？反而把修道的门槛讲得不可逾越，拒人于千里之外吗？这是不能的。《孟子·滕文公下》篇讲陈仲子过于清高，失去了党群，孟子说：“若仲子者，蚓而后充其操者也。”除非先把人变成蚯蚓而后才能向陈仲子学习。显然孟子是反对脱离社会实际地提高人的修养标准。这些事实都证明孔子及儒家学派都不会认为“中庸不可能也”是个肯定句式，而会认为是个反问句式。其实质是说，只要以均平天下国家、放弃爵禄、赴汤蹈火的仁勇之志，不懈努力地向颜回学习，那中庸一定会实现的。这合乎孔孟的一贯思想逻辑。

名家点评

郑　玄：言中庸难为之难。

朱　熹：均，平治也。三者亦智、仁、勇之事。

李　贽：许敬庵以为叹人不能中庸，看极是。

张　岱：“中庸不可能”，即中庸其至之意，难得恰好，故曰“不可能”。“均、辞、蹈”到恰好处，即是中庸。

康有为：均，平也。均天下，辞爵禄，蹈白刃，至强而难能之事，然资之近者，犹易为之。如蹈履中庸，尤难其人，以见中庸之道虽平易，而实难也。

第十章

子路问强。子曰："南方之强与？北方之强与？抑而强与？宽柔以教，不报无道，南方之强也，君子居之。衽金革，死而不厌，北方之强也，而强者居之。故君子和而不流，强哉矫！中立而不倚，强哉矫！国有道，不变塞焉，强哉矫！国无道，至死不变，强哉矫！"

译文

子路问什么是强。孔子说："你问的是南方的强呢？还是北方（漠北）的强呢？还是指什么别的强呢？以宽缓柔和之道教化人民，不报复无道者，这是南方的强，是努力修养者所为。刀枪甲胄不离身，死而不悔的人，这是漠北的强，是猛烈刚勇者所为。所以，君子与人和谐而不苟同，是真正的强大！恪守中庸之道，而不偏不倚，是真正的强大！国家有道，不改变困厄时的志向，是真正的强大！国家无道，到死也不改变操守，是真正的强大！"

诠评

此南方，指中原；北方，指漠北，北方胡人所居处。袁甫《蒙斋中庸讲义》："南以含忍为强，北以果敢为强。气习然也。南人禀温厚之气，以宽柔诲人，无道则不报，其强也君子，然偏于柔矣。北人禀严凝之气，勇于用兵，死且不厌，则偏于刚矣。"《论语·述而》："子谓颜渊曰：'用之则行，舍之则藏，惟我与尔有是夫！'子路曰：'子行三军，则谁与？'子曰：'暴虎冯河，死而无悔者，吾不与也。必也临事而惧，好谋而成者也。’”子路自以为能用兵打仗是强者。而孔子说，徒手打虎、无船强渡的冒失鬼，我是不和他为伍的。一定要与遇事谨慎思考，有了成功把握才行动的人共事。批评子路的偏激、逞强，同时提出了此事的中庸做法。这就如同此章孔子批评北方之强后，又提出了“君子和而不流”。孔子认为“宽柔以教，不报无道”是中原一些有修养的人所认为的强，事实上有失中庸。《论语·宪问》：“或曰：‘以德报怨，何如?’子曰：‘何以报德？以直报怨，以德报德。’”显然，“以直报怨，以德报德”是孔子的主张。可见“宽柔以教，不报无道”不是孔子提倡的，似道家观点。与《老子·六十三章》“大小多少，报怨以德”、《老子·七十八章》“弱之胜强，柔之胜刚，天下莫不知，莫能行”等有相似处。这也是君子修养过于宽和的结果，貌似中，实则过，所以孔子不肯定这类修养之所谓强。于是提出中庸之强，“君子和而不流”，“中立而不倚”，“国有道，不变塞焉”，“国无道，至死不变”。即此章不仅不赞同漠北式的刚强，也不赞同南方的宽厚柔弱与“不报无道”的主张。此章提出一个问题，有些君子反对强暴，主张宽柔，貌似比强暴者中庸，而潜在的又有些过，结果也与中庸有了距离。

名家点评

郑　玄：南方以舒缓为强，不报无道，谓犯而不校也。国有道不变以趋时，国无道不变以避害。有道无道一也。

朱　熹：此则所谓中庸之不可能者，非有以自胜其人欲之私，不能择而守也。君子之强，孰大于是？夫子以是告子路者，所以抑其血气之刚，而进之以德义之勇也。

张　岱：“袁了凡曰：今人只说和，不去理会不流；只说中立，不去理会不倚。胸中有一毫依回处，便是流；有一些粘滞处，便是倚。此处矫得尽，方是大勇。”

“和而不流”，盖以处常言；中立而不倚，盖以处变言。和与人同，中立与人异也。

康有为：其居中履正，独立不惧，无所依傍，自行其是，有大力矣。若隐居求志，行义达道；穷达一辙，不以曲学阿世；遭乱际变，守节奉义；生死一致，不以患难易操。凡四者，皆大勇也，非血气所能，孔子体之以教子路，为中庸之强。

第十一章

子曰："素隐行怪，后世有述焉，吾弗为之矣。君子遵道而行，半途而废，吾弗能已矣。君子依乎中庸，遁世不见知而不悔，唯圣者能之。"

译文

孔子说："寒素不仕而隐居，行为超凡离群，即使后世有传颂，我也不去做。君子当遵行天道人道，有些人半途懈怠而不前，而我是不能停止的。君子据中庸而行，哪怕不被社会所了解也毫不后悔，只有圣人才能做得到。"

诠评

素隐，寒素无为而隐居。行怪，行为乖僻离群。遁世，本意为逃避社会，隐居，此为被社会遗忘意。

"素隐行怪"者，不能行中庸之道；"半途而废"者，亦不能行中庸之道。因为他们喜利乐名，又求速成，孔子表示决不能那样做。所以，为人不能求偏行乖，以沽名钓誉。行道要奋进不止，不能图显名于世，才利于行道。行道要正，不能自持一端，不能妄自标新立异；行道要笃诚，一丝不苟，锲而不舍；行道要纯，决不为名利所惑。正如《汉书·董仲舒传》载董仲舒所论："正其谊不谋其利，明其道不计其功。"只有如此，才能做到"遁世不见知而不诲"。此章深刻反映了儒家学派以天下为己任，孜孜不倦，奋进不已的精神。无论遇到什么挫折或打击，都能传道不止，行道不辍。

名家点评

郑　玄：素，傃，犹向也。言方向避害隐身而行，诡谲以作后世名也。弗为之矣，耻之也。

朱　熹：素，按《汉书》当作索，盖字之误也。索隐行怪，言深求隐僻之理，而过为诡异之行也。然以其足以欺世而盗名，故后世或有称述之者。此知之过而不择乎善，行之过而不用其中，不当强而强者也，圣人岂为之哉！

张　岱：遁世不必绝世，若然，圣人亦隐怪矣。

杨复所曰："圣者与圣人不同：圣人有定属之名；圣者无定属之名，亦在人为之耳。人倘能依乎中庸，遁世不悔，便是圣者矣，又何让哉？一字之异，其妙如此。"

康有为：素隐，如老学之隐退曲全；行怪，如墨子之生不歌，死无服。凡诸子皆是言之有理，持之有故，极易惑人，故徒众广大，多有嗣为其后，以述其教者。孔子以前，若沮、溺、楚狂之隐，子桑伯子、原壤之怪，其类甚多，孔子皆不欲为之，言此为外道异教，不可从也。

第十二章

君子之道费而隐，夫妇之愚，可以与知焉；及其至也，虽圣人亦有所不知焉。夫妇之不肖，可以能行焉；及其至也，虽圣人亦有所不能焉。天地之大也，人犹有所憾。故君子语大，天下莫能载焉；语小，天下莫能破焉。《诗》云：“鸢飞戾天，鱼跃于渊。”言其上下察也。君子之道，造端乎夫妇；及其至也，察乎天地。

译文

君子之道广大而隐微，普通愚朴男女，也可以了解其大概；而深刻品味其精妙，即使圣人也有不知道的方面。普通修养差的男女，也能去践行；而达其高远境界，即使圣人也有做不到的方面。天地之大德广被，人们尚有不理解之处。所以君子讲大道理，天下人有许多不明白的；讲小道理，天下人又不能普受其惠。《诗经·大雅·旱麓》说：“鹰飞于高天，鱼游于深渊。”讲的是天上、水下万物各以自己的方式循道而行，上下虽别，而道相通。君子之道从夫妇开始，而到了高深之处，自然可以体察天地间的大道理。

诠评

朱熹说：“费，用之广也。隐，体之微也。”天地之大，指天地大德广被，生灵皆受其惠。憾，恨，不理解，不明白。载，此作识知解。见《诗经·大雅·大明》：“文王初载，天作之合。”《毛传》：“载，识。”孔颖达疏：“谓其幼小始有识知，故以载为识也。”察，明察，通也。破，尽，遍。杜甫《奉赠韦左丞丈二十二韵》：“读书破万卷，下笔如有神。”邵雍《秋怀》：“昭破万古心，白尽万古头。”杨万里《题刘朝英进斋》：“不应将一第，用破半生心。”“言其上下察也”之“察”，考察、辨别。《淮南子·说林》：“秋毫之末，视之可察。”高诱注：“察，别。”此言万物各以自己的方式循道而行，只是上下有别，但道相通。“察乎天地”之“察”，体察。

此章从汉郑玄、唐孔颖达到宋朱熹，以至康有为对后半部分，即从“天地之大也，人犹有所憾”至末句的讲法，均有不贴切处，在思维逻辑上不严谨。本书译文所体现的原文内在逻辑，一合于行文逻辑，二合于儒家整个思想体系，尤其是中庸全篇思想体系的逻辑。如此理解，使此章内容体现得更真实，更具有说服力。

名家点评

郑　玄：憾，恨也。天地至大，无不覆载，人尚有所恨焉。况于圣人能尽备之乎？

朱　熹：人所憾于天地，如覆载生成之偏，及寒暑灾祥之不得其正者。

张　岱：张侗初说：“夫妇知，而圣人有不知；夫妇能，而圣人有不能。”

诸理斋说：“与知而自以为知，究成小人之无忌惮；不可知而自以为不可知，究成中庸之不可能。”

康有为：天地造化，不能应人之求，而人憾之。孔子制作虽博大精微，而运世有宜，时地各限，既落言诠，自有方隅，则彼得此失，不能无憾，此则立教者无可如何也。

第十三章

子曰："道不远人。人之为道而远人，不可以为道。《诗》云：'伐柯伐柯，其则不远。'执柯以伐柯，睨而视之，犹以为远。故君子以人治人，改而止。忠恕违道不远，施诸己而不愿，亦勿施于人。君子之道四，丘未能一焉：所求乎子以事父，未能也；所求乎臣以事君，未能也；所求乎弟以事兄，未能也；所求乎朋友先施之，未能也。庸德之行，庸言之谨，有所不足，不敢不勉，有余不敢尽；言顾行，行顾言，君子胡不慥慥尔！"

译文

孔子说："真理是不远离人们的知与行的。人们研究的真理如果远离人们的生活实际，那就不是什么真理。《诗经·豳风·伐柯》：'砍斧柄啊砍斧柄，它的标准在手中。'握着斧柄砍制斧柄啊，斜眼看看直不直，还是觉得差很远。所以君子以人的常规常则管理人，往往与具体的被管理者不完全吻合，那就要做适当的调整，才能接近最佳管理的标准。忠恕离真理不远了，放在自己身上都不愿意的事，也就别强加在别人身上。君子的原则有四方面，我孔丘哪方面也未能做好：对儿子的要求，用来事奉父亲，没能做好；对臣下的要求，用来事奉君长，没能做好；对弟弟的要求，用来事奉兄长，没能做好；对朋友的要求，我没能先做好。常规常理的践行，平素语言的谨慎，还有不妥之处，不敢不努力修养，如有些方面做得好些，也不敢肯定；讲话时要考虑能否行得通，行事时要考虑圣贤的教诲，君子怎能不笃行呢？"

诠评

此章重点论证了“道不远人。人之为道而远人，不可以为道”的道理。两千多年前中华民族能提出如此高明的道理，真是难能可贵。任何大道理，如果脱离人类社会生活实际，不能解释和解决指导社会生活问题，那它就不是什么道理。所以《中庸》开篇就讲：“道也者，不可须臾离也，可离非道也。”即道就在每个人身边、身上、身中。“执柯以伐柯”讲的就是每个人行为的准则、标准就在左右，照着办就可以了，但这仅是初步仿效。因为照着办要根据具体情况采取最佳方案，才能接近中庸。此章提出了“忠恕违道不远，施诸己而不愿，亦勿施于人”，即“己所不欲，勿施于人”就接近了中庸。本章所论的“子、臣、弟、友”之道，即孟子所谓“人人亲其亲、长其长，而天下平”之意。如此而为就是道，就是“率性”，就是天理。君子就应笃诚不移地谨言慎行，对身边之道要终生守之行之。

袁甫《蒙斋中庸讲义》：“读中庸之书者，口未尝不谈中庸，然书自书、我自我。口言之，身不行之，是言行不相顾也。呜呼！盍亦痛省而加鞭乎！”关键是学习、研究中庸者，应落在现实行动与意念中。学习者自身一定要以中庸之道作为指导，作为仪范，以此诚实意念、正心、修身，以至付诸自己的行事过程中。

名家点评

郑　玄：人有罪过，君子以人道治之，其人改则止，赦之。不责以人所不能。庸，犹常也，言德常行也，言常谨也。圣人之行实过于人，有余不敢尽，常为人法，从礼也。

朱　熹：道者，率性而已，固众人之所能知能行者也，故常不远于人。若为道者，厌其卑近以为不足为，而反务为高远难行之事，则非所以为道矣。……尽己之心为忠，推己及人为恕。

李　贽：此篇与前篇，正说“道”只在五伦之内。有“位”、

“育”、“参”、“赞”之愿者，须在此处下手。此处蹉过，无处觅道矣。

张　岱：陶石梁曰：“‘道不远人’章，语最切近。‘道不远人’，不远于人之情也。是故不近人情之事，皆不可为道。以人所不及望人，以己所不愿加人，以己所不能求人，皆所谓不近人情之事也。只就人己对立时，一加体勘，便六通四辟矣。”

康有为：夫即人即道，至简易矣。然人之为性，金刚水柔，嗜甘忌辛，气质有殊，习俗有别，则不能无差。孔子修道，但因人固有而略改定之，或抑有余，或补不逮，释回增美，如斯而已，非有离人之神术也。

第十四章

君子素其位而行，不愿乎其外。素富贵，行乎富贵；素贫贱，行乎贫贱；素夷狄，行乎夷狄；素患难，行乎患难。君子无入而不自得焉。在上位不陵下，在下位不援上，正己而不求于人则无怨。上不怨天，下不尤人。故君子居易以俟命，小人行险以徼幸。子曰："射有似乎君子，失诸正鹄，反求诸其身。"

译文

君子依据其所处地位而行事，不求分外之功。居于富贵的名分，行于富贵之事；居于贫贱的名分，行于贫贱之事；处于夷狄的环境，行于夷狄之事；处于患难的形势，行于患难之事。君子无论处于何等环境形势，都能摆正自己的位置。在高位，不欺凌下位之人；在下位，不高攀上位之人；端正自己而不责求他人，就不会怨愤。上不埋怨天，下不埋怨人。所以君子依据其所处地位行事，而不追求分外之功；小人违礼行事，而企望侥幸获利。孔子说："射箭的人有些像君子，没射中靶心，反身审察自己的不足。"

诠评

素，本质，本性，本，依据。《广雅·释诂三》："素，本也。"《素问·阳明脉解》："踰垣上屋，所上之处，皆非其素所能也。"王冰注："素，本也。"《鹖冠子·学问》："道德者，操行所以为素也。"陆佃注："道德，操行之本，故曰素也。"居易，处于平易，平常、平安。俟（sì），等待。俟命，任天由命。鹄（gǔ），箭靶子。正鹄，靶子中心。

此章所论关键在于正定名分，君子无论所居何位，均能乐天知命，不能越名分而侥幸行事。处于什么地位，就要努力去做好与其地位相匹配的事，干什么，像什么。俗语："到什么山唱什么歌。"处于什么环境就要做好与其环境相匹配的事。具体环境，具体对待。君子因势而宜，因时而宜，因环境变迁而宜，这就是君子中庸之道的实践体现。君子无论处于什么环境、地位，都能依据自己的名分、条件去充分做好相对应的工作；在相应的工作中，尽心力做到最好，争取作出自己最大的贡献。君子在任何情况下，不怨天，不怨人，总是从自身查找原因。孔子极其形象生动地以射箭不中者总是反躬自问，喻君子凡有不顺事总是省察自己的修养够不够，即孟子所谓"反求诸己"。概而观之，此章所论是君子遵守名分，随名分而移其行，恪尽职守，毫无分外之求，遇有不顺，从自身查找原因。修身、正心、诚意到如此程度者，就是修成了中庸之道。也只有修成中庸之道者，才能达到如此程度。袁甫《蒙斋中庸讲义》："中庸不以位高而亢，何凌之有？中庸不以位卑而屈，何援之有？惟正己而已矣。自成自道，无求于人，既无所求，奚怨奚尤？此正己之谓也。"正己标准是什么？正己的标准是根据自己名分、地位、所处形势而中庸。这才是真正的正己，真正的中庸。

君子无论居于富贵、贫贱，还是居于夷狄、患难，在履行名分同时，都能坚持行道、传道，播仁施义。只不过行道、传道的方式与途径不同而已。

名家点评

郑　玄：不愿乎其外，谓思不出其位也。自得，谓所向不失其道。援，谓牵持之也。

朱　熹：素，犹见在也。言君子但因见在所居之位而为其所当为，无慕乎其外之心也。

李　贽：烦热世界中一贴清凉散。

张　岱：所谓“素其位而行”者，有所以立于位之先，而后可以转徙于位之中，故曰“素”也。

康有为：入于富贵，不离衮衣玉食；入于贫贱，不避监门赁舂；入于夷狄，不妨断发文身以讲周礼；入于患难，可以幽囚著作，行乞清歌。其神明超胜，故无所入而不自得焉。

第十五章

君子之道，辟如行远必自迩，辟如登高必自卑。《诗》曰：“妻子好合，如鼓瑟琴。兄弟既翕，和乐且耽。宜尔室家，乐尔妻帑。”子曰：“父母其顺矣乎！”

译文

做君子的道理，譬如远征，一定要从近处开始；譬如登山，一定要从低处开始。《诗经·小雅·棠棣》：“夫妇和谐，犹如琴瑟合奏悦耳。兄弟和谐，犹如笙箫同奏和乐。每个家庭都应该如此，妻子、儿女都欢欢乐乐。”孔子说：“父母亲见家庭和乐，而顺心如意啊！”

诠评

翕（xī），合。耽（dān），乐。帑（nú），在此同孥，子，孩子。

修道当由近及远，由低至高。《大学》论修身、齐家，而后才能治国、平天下。此章言先治好家，乃修道之基。《孝经·广扬名》孔子说：“君子之事亲孝，故忠可移于君；事兄悌，故顺可移于长；居家理，故治可移于官。是以行成于内，而名立于后世矣。”《孟子·离娄上》孟子说：“道在迩而求诸远，事在易而求诸难。人人亲其亲、长其长，而天下平。”《老子·六十三章》：“图难于其易，为大于其细。天下难事，必作于易；天下大事，必作于细。是以圣人终不为大，故能成其大。”《老子·六十四章》：“合抱之木，生于毫末；九层之台，起于累土；千里之行，始于足下。”孔子、孟子、老子均认为大道理起于毫末，近在眼前、身边。而孔子、孟子又认为大道理均出自孝亲。而孝亲在使亲顺心遂意，夫妻和顺，兄友弟恭，子孙循礼。这就是最近的道，最易行的理。每个家庭都这样做了，天下就无难办的事了。钱时《融堂四书管见》："一家之中都是和气，于父母分上方始是顺。下面有纤毫不尽分处，上面和气便有所伤。只为一家之心，无非父母之心。能以父母之心为心，则骨肉之际安可纤毫不尽分乎?"这也是强调做人修身最基本的道德情怀。孝悌，只有做到了孝悌，才能切实地做到修身修道的"行远"、"登高"。

名家点评

郑　玄：琴瑟，声相应和也。翕，合也。耽，亦乐也。古者谓子孙曰帑。此诗言和室家之道，自近者始。

朱　熹：夫子诵此诗而赞之曰：人能和于妻子、宜于兄弟如此，则父母其安乐之矣。子思引诗及此语，以明行远自迩、登高自卑之意。

李　贽：指点人路头。

张　岱：奉父母为高远，则天下好高远之心淡矣。

第十六章

子曰："鬼神之为德，其盛矣乎！视之而弗见，听之而弗闻，体物而不可遗。使天下之人，齐明盛服，以承祭祀。洋洋乎！如在其上，如在其左右。《诗》曰：'神之格思，不可度思！矧可射思！'夫微之显，诚之不可揜（掩）如此夫！"

译文

孔子说："天地造化的功德，太盛大了！看又看不见，听又听不到，而其体恤万物一个都不落掉。使令天下万民，斋戒沐浴，整洁服饰，而承办祭祀天地造化之神功，精诚洋溢（诚之所致）犹如神在头上，又好像左右都有。《诗经·大雅·抑》：'造化的降临，不可揣测，怎么可以时敬时怠呢？'从隐微到明显，都充满了造化之功，真是掩也掩不住，如此而已。"

诠评

鬼神，程颐说："鬼神，天地之功用，而造化之迹也。"张载说："鬼神者，二气之良能也。"朱熹说："以二气言，则鬼者阴之灵也，神者阳之灵也。以一气言，至而伸者为神，反而归者为鬼，其实一物而已。为德，犹言性情功效。"此三大家所论统而为一，"鬼神之为德"，乃天地造化无声无味的功效，即大自然不声不响的功效，所谓天地大道的作用。虽然看不见、听不到它在如何作为，但春夏秋冬在不停地运转，万物在不停地变化，普受其惠。如诚心诚意地敬之如神，祭之如神，就恍如神在头上，神在左右。此章很好地阐释了中国古代正统文化中的神是什么，怎么产生的神。神就是人们尚未掌握的超人力的大自然作为。由于人们敬奉大自然的超人作为，达到了至诚的程度，于是在意念之中就产生了人格化的超人力的神。殊不知神就是大自然的作为，就是天地造化，也就是老子所讲的道。《老子·三十四章》："大道泛兮，其可左右。万物恃之以生而不辞，功成而不有。衣养万物而不为主，可名于小；万物归焉而不为主，可名为大。以其终不自为大，故能成其大。"《老子·三十五章》："听之不足闻，用之不足既。"老子讲道大无边，功德无边，用而不尽，然而又是淡而无味，视而不见，听而不闻。可见，《中庸》与《老子》关于大道之论有相通之处，都不把鬼神人格化，而认为是大自然的既显且微的无形有形的功效。而此章在通过天地大道拔高中庸之道，暗喻中庸之道即天地大道。其高达天庭，普恤大地，有时明显，有时隐微，但无论如何，均需以诚敬道，至诚至精执行中庸之道，必有成效。齐，此为"斋"之假借。矧（shěn），况且，此引申为"何"、"怎么"。

袁甫《蒙斋中庸讲义》："呜呼！欲识不睹不闻，请观于此；欲识君子谨独，请观于此；欲识物之终始，不诚无物，请观于此。此书发明诚字，不待后面论诚，而已开端于此矣。所当通者。"此章是承前启后之枢纽，对以前"闻、睹、谨独"作了理论提升，由此章之诚开启以后诸章之诚。此章论造化之神功，能严格掌握人、神之界，为中华民族重视大自然，而又不把大自然作为人格神的高明文化的形成作出了奠基性贡献。

名家点评

孔颖达：此一节明鬼神之道无形而能显著诚信。中庸之道与鬼神之道相似，亦从微至著，不言而自诚也。

李　贽：将"诚"字指点与人看。

张　岱：陆君启曰："鬼神至无，而诚至即有，故云云。"如何将“诚”推在鬼神身上而云实有？鬼神，视不见，听不闻，而曰“如在”。鬼神岂实有者也？“实有”二字亦当不得“诚”字。

《中庸》原是礼书，《乐记》曰：“明则有礼乐，幽则有鬼神。”《中庸》三十三篇之陟入“鬼神之为德”，政是言礼乐鬼神功用合一处。

康有为：太古多鬼，中古少神，人愈智，则鬼神愈少，固由造化，然其实终不可灭也。

第十七章

子曰："舜其大孝也与！德为圣人，尊为天子，富有四海之内。宗庙飨之，子孙保之。故大德必得其位，必得其禄，必得其名，必得其寿。故天之生物，必因其材而笃焉。故栽者培之，倾者覆之。《诗》曰：'嘉乐君子，宪宪令德！宜民宜人，受禄于天。保佑命之，自天申之！'故大德者必受命。"

译文

孔子说："舜真是大孝之人啊！他的德性是圣人，他的地位是天子，四海之内都归他管辖，死后有宗庙祭祀他，子子孙孙传承他的风范。所以大德之人，一定得到应有的地位，一定得到应得的俸禄，一定得到应得的名声，一定得到应得的高寿。所以，天生万物，一定是依据其所需而至诚相助，使生机向上者得以滋润息养，使倒地枯槁者有所归宿。《诗经·大雅·假乐》：'善良快乐的君子，光明大度的美德。时时关爱他的人民，自然得到应得的福禄。造化有形无形地佐助、佑护他，又不断地推重他。'所以有大德修养的人，一定得到造化安排的大位。"

诠评

天下有道，有德者居之。这是天下国家的常态。此章所论就是常态中的社会表象。小德居小位，中德居中位，大德居大位。不但地位名分、俸禄与之相匹，寿命也与德相应，且能身后有宗庙祭祀，子孙传承其风范。《中庸》于此章极论大孝大德之人必得相应的酬寿，因为大孝大德之人所为完全合于天道人心，所以天、人都爱戴他，保护他，佐助他。袁甫《蒙斋中庸讲义》：“夫舜所以为大孝者何也？以天子之尊尊其亲，以四海之养养其亲，宗庙我享，子孙我保，有大德故也。”如此宣导，自然影响天下人从孝亲开始，修养爱人亲民、惠民之大道。统治者能如此作为，自然形成一种善德之风。孔子说：“君子之德风，小人之德草。草上之风，必偃。”社会自然就重德性修养，人与人之间必然和谐，天下自然安宁。

名家点评

郑　玄：言善者天厚其福，恶者天厚其毒，皆由其本而为之。

朱　熹：材，质也。笃，厚也。栽，植也。气至而滋息为培，气反而游散则覆。

李　贽：此以下都把“中”、“和”、“位”、“育”指点与人。

张　岱：《礼记·礼器》：“礼时为大。尧授舜，舜授禹，汤放桀，武王伐纣，时也。”时中，君子之中庸也。历举舜禹文武，中庸善言时也，千古莫破。

康有为：天之生人，一视无私，而有富贵贫贱，愚智寿夭，安乐患难，诸夏夷狄之万殊迥别，惟有因之而已。譬如草木，美种而壮良者，天则繁殖之，恶种而微弱者，天则剪覆之也。物竞天择，优胜劣败。孔子发天因之理以劝之，竞于大德，而后克受天休也。

第十八章

子曰："无忧者，其惟文王乎！以王季为父，以武王为子，父作之，子述之。武王缵太王、王季、文王之绪。壹戎衣而有天下，身不失天下之显名。尊为天子，富有四海之内。宗庙飨之，子孙保之。武王末受命，周公成文武之德，追王太王、王季，上祀先公以天子之礼。斯礼也，达乎诸侯、大夫及士、庶人。父为大夫，子为士，葬以大夫，祭以士。父为士，子为大夫，葬以士，祭以大夫。期之丧达乎大夫，三年之丧达乎天子，父母之丧无贵贱一也。"

译文

孔子说："无忧无虑的天子，只有周文王吧！他父亲是王季，他儿子是周武王，父亲奠定基业，儿子又能传承。武王继承古公亶父、王季、文王的统绪，武王一穿上战袍，就灭掉商纣而具有了天下。且获得了天下人的拥戴、颂赞，被尊崇为天之骄子，他享有四海之内的财富，死后又有宗庙祭祀他，子子孙孙传承他的辉煌。武王年龄较高时才得到文王传给他的王位，周公在文王、武王之道基础上，进一步阐发弘扬，成就了文王、武王的大德，追尊古公亶父、王季为早年的周王，再往上追溯，用天子的礼仪祭祀周的先公。这种祭礼推行到诸侯、大夫、士，以至普通百姓。父亲是大夫，儿子是士，就用大夫礼葬父亲，用士礼祭祀父亲。父亲是士，儿子是大夫，就用士礼葬父亲，用大夫礼祭祀父亲。一年的丧期，从百姓到大夫都遵行，三年的丧期（即父母的丧期），从百姓到天子，一律遵行，因为父母的丧事，无论贵贱都是同样的情感。”

诠评

缵（zuǎn），继承。壹戎衣，一穿上战袍。太王，古公亶父，王季为其子，文王为其孙，武王、周公为其曾孙。周公承文、武，本天地大道，制定孝道葬祭之礼，葬礼根据父亲的地位身份确定仪式，祭礼根据儿子的地位身份确定仪式。正因为此，武王、周公及其后世才能以天子的礼仪祭祀周的祖先。一年丧礼，指为伯父、叔父服丧尽孝之礼，百姓至大夫均要尽礼致孝。诸侯、天子就在其外了。而为父母服丧戴孝三年之礼，谁也不例外，从百姓直至天子都尽心至诚，一丝不苟地循礼而行。因为人类对父母的情感都是一致的敬爱，什么权势也不能改变，什么地位也不能丢掉对父母的情感。礼是循人性人情之自然而作。所以古圣先贤制定了为父母守丧三年之礼，从百姓到天子都要遵循。

《中庸》论到此处，鲜明地道出，中庸之本就是自然之孝。此章所述文王、武王、周公其功其德，盖源于孝。

本章所论，突出一点是，礼的形成是经过几代人的卓越修养，有了功绩，不忘祖宗的功德积累，念祖孝亲，逐渐成了规范，以至影响到普通百姓，百姓也能接受，且能执行。这样上下就形成了礼的体系。由此可知，大道源于人类自然的情感情义，大道顺天顺民。而只有圣人才能揭示大道之真谛，才能引导人们认识大道，以大道化育万众，除暴安良。周文王、周武王、周公所为都是顺天顺民的作为，灭纣王，解除残暴苛政，安定良善，这就是顺天所为，所以人民才支持他们成为天子。在这样体恤万民的基础上，才逐渐形成了社会生活秩序、礼的规范。而只有礼才能保证道畅行无阻。

名家点评

郑　玄：圣人以立法度为大事，子能述成之，则何忧乎？末，犹老也。

朱　熹：制为礼法，以及天下，使葬用死者之爵，祭用生者之禄。丧服自期以下，诸侯绝；大夫降；而父母之丧，上下同之，推己以及人也。

张　岱：文王以服事殷，武王竟取殷天下。以俗论，贻文王忧者，莫武王若矣。以中庸论之，化家为国，虽是另起一番事业，而夫子方以为述，方以为缵，方以为成德，方以为孝，方以为善继善述；将观兵孟津与有二服事之念打作一桩事，会成一片心；而放伐之业，竟可与大舜同其受命，此子思之旨也。

康有为：天、父、母三合而生人。体天之心，是谓大孝，舜是也；体父母之心，是谓达孝，武王、周公是也。太王、王季有开国之功，则以王号追之；先公有传世之仁，则以王礼祭之。武王、周公推己及人，于是以此葬祭等级制定为礼，达乎诸侯、大夫、士、庶人，故谓达孝也。

第十九章

子曰："武王、周公，其达孝矣乎！夫孝者，善继人之志，善述人之事者也。春秋修其祖庙，陈其宗器，设其裳衣，荐其时食。宗庙之礼，所以序昭穆也。序爵，所以辨贵贱也；序事，所以辨贤也；旅酬下为上，所以逮贱也；燕毛，所以序齿也。践其位，行其礼，奏其乐；敬其所尊，爱其所亲；事死如事生，事亡如事存，孝之至也。郊社之礼，所以事上帝也；宗庙之礼，所以祀乎其先也。明乎郊社之礼、禘尝之义，治国其如示诸掌乎。"

译文

孔子说："周武王、周公体念父母之孝心及于天下百姓啊！孝顺的人就是善于继承先辈的高尚境界，延续先贤的善心善举的人。春、秋祭祀时节，各自修整自己的祖先庙堂，陈列祖宗留下的器物，摆出先祖留下的衣裳，供上合乎时令的食品。宗庙的礼仪，可以使兄弟排序、子孙排序。按爵位排序，可以辨别高低贵贱；根据各人的能力、长处安排祭祀活动中的角色，可以昭示每人能力大小；宗族的各支子弟们均向其长辈敬酒，即把其长辈向祖宗敬祭作为楷模，表示自己的孝敬之诚；祭后宴会，按年龄排列。而正式祭祀时，奏起肃穆庄重的音乐，每个人都依次走到祖先灵位前，行礼；对所尊重的先人怀着真诚的敬意，对自己的亲人怀着真诚的亲爱之情；对待死去的亲人如同他们仍活在面前，对待亡故已久的亲人如同他仍活在世上，这就是最高的孝。郊社之礼，是祭祀天地的；宗庙之礼，是祭祀祖先的。如果明晓祭天祭地之礼，明晓天子祭祖之礼，那治理天下犹如审视手掌一样容易。”

诠评

达，通。述，续。荐，进献供品。昭穆，宗庙供先人牌位，始祖以下，左昭右穆，以排父子、兄弟、子孙的次序。事，祭祀时的各种差事、各种角色。旅酬，众子弟为自己的长辈敬酒。旅，众。酬，以酒互答。逮贱，及于低贱者，能力差、无地位者，也有个角色，以下对上、对长辈敬酒。或说，祭祀完毕，主持祭祀者，酬谢下边服务者。燕毛，宴会时以须发颜色区别老少。燕，即宴。毛，指须发黑、白。践其位，走到祖先牌位前。郊社，郊社之礼，即祭祀天、祭祀地的礼仪。禘（dì），是天子夏季举行的禘祭之礼。尝，是天子秋季举行的尝祭之礼。

此章继前章多言礼的由来、礼的核心、礼的真谛及内涵。孔子先肯定了武王、周公其为通达孝道于天下之人。即孟子“老吾老以及人之老”。愿将如何保持孝之久远、代代相因的做法告知天下万民。于是此章从每年的春、秋两季修整祖庙开始，一讲陈列祖宗留下的宝贵器物。二讲摆放先祖所用的衣物。三讲向祖先牌位进献供物。四讲在宗庙祭祖时的礼仪活动，序昭穆即始祖以下辈分的排序，以及现实子孙的几方面排序：序爵、序事、旅酬、燕毛。这几项礼仪活动概括讲，都是讲等级、次序。五讲具体祭祖拜祖拜亲的情感，达到了这种情感“敬其所尊，爱其所亲；事死如事生，事亡如事存”，才算达到孝的高标准。六讲祭礼非常之重要，真正懂得了祭礼，践行了祭礼，治理国家就容易了。如果欲学习祭祀祖先之礼，学习实践这两章就基本可以了。

此章最大的贡献，就在于它是祭礼的教材，教人如何学祭礼、行祭礼。《论语·八佾》载：“子入太庙，每事问。”讲的就是孔子年轻时，一旦进入周公庙，就努力地学习有关礼的问题。作者于此章把祭礼讲得如此具体、清楚，适于人们学习践行。《周礼》、《仪礼》、《礼记》相关部分，均不如此章简捷、详明、可行。亦可见每次宗庙祭祀活动，都是一次人伦秩序的教育活动。但皆归于宣教、弘扬中庸之道的礼式。

名家点评

孔颖达：若能明此序爵，辨贤尊亲，则治理其国其事为易，犹如置物于掌中也。

朱　熹：达，通也。承上章而言武王、周公之孝，乃天下之人通谓之孝，犹孟子之言达尊也。上章言武王缵太王、王季、文王之绪以有天下，而周公成文、武之德以追崇其先祖，此继志述事之大者也。下文又以其所制祭祀之礼，通于上下者言之。

李　贽：篇中有九"其"字，五"所以"字，正是传神写照处。

张　岱：姚承庵曰："此达孝，即承上章达字来。孝是人的庸德，人人所欲尽者，武王、周公缵绪成德，不特身尽其孝而达乎诸侯、大夫及士、庶人，使皆得因分以自尽，则其孝是达之家、国、天下者，故夫子以达孝归之。"

康有为：武王缵绪，善继志者也。周公成德，善述事者也，因举以推发孝义。盖孝者，报本反始，其思愈盛，其报无穷。故事生事存，虽得为孝，而较之事死事亡，继先人之志，述先人之事为善也。

第二十章

哀公问政。子曰：“文武之政，布在方策。其人存，则其政举；其人亡，则其政息。人道敏政，地道敏树。夫政也者，蒲卢也。故为政在人，取人以身，修身以道，修道以仁。仁者人也，亲亲为大；义者宜也，尊贤为大；亲亲之杀，尊贤之等，礼所生也。在下位不获乎上，民不可得而治矣。故君子不可以不修身；思修身，不可以不事亲；思事亲，不可以不知人；思知人，不可以不知天。”

天下之达道五，所以行之者三，曰：君臣也，父子也，夫妇也，昆弟也，朋友之交也。五者，天下之达道也。知、仁、勇三者，天下之达德也。所以行之者一也。

或生而知之，或学而知之，或困而知之，及其知之一也。或安而行之，或利而行之，或勉强而行之，及其成功一也。

子曰：“好学近乎知，力行近乎仁，知耻近乎勇。知斯三者，则知所以修身；知所以修身，则知所以治人；知所以治人，则知所以治天下国家矣。”

凡为天下国家有九经，曰：修身也，尊贤也，亲亲也，敬大臣也，体群臣也，子庶民也，来百工也，柔远人也，怀诸侯也。修身则道立，尊贤则不惑，亲亲则诸父昆弟不怨，敬大臣则不眩，体群臣则士之报礼重，子庶民则百姓劝，来百工则财用足，柔远人则四方归之，怀诸侯则天下畏之。

齐明盛服，非礼不动，所以修身也；去谗远色，贱货而贵德，所以劝贤也；尊其位，重其禄，同其好恶，所以劝亲亲也；官盛任使，所以劝大臣也；忠信重禄，所以劝士也；时使薄敛，所以劝百姓也；日省月试，既禀称事，所以劝百工也；送往迎来，嘉善而矜不能，所以柔远人也；继绝世，举废国，治乱持危，朝聘以时，厚往而薄来，所以怀诸侯也。凡为天下国家有九经，所以行之者一也。

凡事豫则立，不豫则废。言前定则不跲，事前定则不困，行前定则不疚，道前定则不穷。在下位不获乎上，民不可得而治矣。获乎上有道，不信乎朋友，不获乎上矣。信乎朋友有道，不顺乎亲，不信乎朋友矣。顺乎亲有道，反诸身不诚，不顺乎亲矣。诚身有道，不明乎善，不诚乎身矣。诚者，天之道也；诚之者，人之道也。诚者，不勉而中，不思而得，从容中道，圣人也。诚之者，择善而固执之者也。

博学之，审问之，慎思之，明辨之，笃行之。有弗学，学之弗能，弗措也；有弗问，问之弗知，弗措也；有弗思，思之弗得，弗措也；有弗辨，辨之弗明，弗措也；有弗行，行之弗笃，弗措也。人一能之，己百之；人十能之，己千之。果能此道矣，虽愚必明，虽柔必强。

译文

鲁哀公向孔子问政。孔子说："周文王、周武王的政治都写在木版与竹简上了。他们人在世时，他们的政治就畅行天下；他们人去世了，他们的政治也就销声匿迹了。人的法则在勤政，地的法则在繁育万物。政治就像细腰蜂一样抚养他人之子，关心万民。所以说为政在于执政者，选举人才要看他自身素质，看他是否用道修身、用仁德修道。仁就是人，亲爱他的亲人是最大的事；义就是适宜，尊重贤人是最大的事；亲爱亲人亲疏程度有别，尊重贤人也是有等级的，礼就是由此而生的。在下级地位的官员不得到上级官员的支持，其所辖人民是治理不好的。所以君子不应该不修身；考虑修身，不应该不很好地事奉自己的亲人；考虑很好地事奉自己的亲人，不应该不知道人的自然本真；考虑人的自然本真，就不应该不知道自然之天。”

人类社会共由之路有五伦，能践行此五伦的人有三种共同的道德。五伦是：君臣关系，父子关系，夫妇关系，兄弟关系，朋友关系。这五种关系是人们共由之路，即五伦。智、仁、勇三种美德，是人类社会共同的道德。五伦、三达德能够践行，就在一个“诚”字。

有人生而知道道理，有人学而知道道理，有人遇到难题后努力学习而知道道理；等不同人都明白了，也就都一样了。有人自然而行道，有人为利而行道，有人在别人督促下而行道；三者最终都成功了，也就都一样了。

孔子说：“好学接近于智慧，力行接近于仁德，知耻接近于勇敢。知道这智、仁、勇的真谛，就知道如何修养身心了；知道如何修养身心，就知道如何管理人了；知道如何管理人，就知道如何治理天下国家了。”

大概治理国家有九条常理（经验），就是修身、尊贤、亲亲、敬重重臣、体恤群臣、爱民如子、招徕工匠、关爱及于边远地区、关怀封疆大吏。修身就逐渐有了道；尊重贤人，就不会糊涂；亲爱亲人，叔伯兄弟就都不会埋怨；敬重重臣，就不会迷惑；体恤群臣，大大小小的为官者都全力报效国家；待民如子，老百姓就努力耕织；招徕工匠，钱财、器物就充足；关爱边远地区的人，四方人心就归之如流；关怀封疆大吏，天下敌对势力就畏惧。

思想严肃认真，沐浴洁衣，不合于礼的事不做，不合于礼的话不说，这就是修身的办法；屏弃谗言，远离美色，轻货而重德，这就是重视贤人的办法；尊重他的地位，加厚他的俸禄，与他的好恶相同，这就是勉励亲爱亲人的办法；提高他们的地位，充分发挥他们的作用，这是器重重臣的做法；率先忠信，提高俸禄，这是鼓励士人的做法；农闲时使用民力，减轻税收，这是调动老百姓积极性的做法；每日检查，每月考核，每个工匠所拿工钱与所做事的成果相称不相称，这是督促工匠精益求精的做法；以礼接待、送行边远地区的代表，奖励有贡献者，照顾生计艰难者，这就是关爱及于边远地区的做法；使灭亡的诸侯国，重新树起名号，找到他们的继承人，治理祸乱，扶助危难，按时接待诸侯入朝述职，赠送给地方的丰厚，接受地方的贡品少，这就是关怀诸侯的办法。大概治理天下国家有九条经验，真正实施九条经验就靠一个字，就是“诚”。

凡大事，一定要预先精心地作充分的准备，才能成功；事先不作准备，草率从事，就不会成功。讲话之前，要预先有思考，讲起来就不会不流利；做事之前，要有精确的预案，做起来就不会有困难；行动之前，考虑得周详，就不会有愧疚的结果；修道久下功夫，行道就会无穷无尽。官位在下者，不取得上级官员的信任与支持，其所辖区域的人民是治理不好的；取得上级的信任与支持有办法，不取信于朋友，是不能取信于上级的；取得朋友的信任有办法，与自己亲人关系不和顺，是不能取得朋友信任的；与亲人关系和顺有办法，反问自己，不诚是不能做到与亲人和顺的；使自己真诚有办法，不能察明人心自然本真乃至善之处，是不能做到真诚的。诚是自然之道，使之诚是人之道。诚，不勉强，自然去做，就会中，不必多虑，自然而行就得中道，这就是圣人。努力做到诚的人，只不过选择善良而坚守不移罢了。

广博地学习，详细地请教，缜密地思考，明晰地辨别，笃实地践行。除非不学，学不会绝不罢休；除非不问，问不懂绝不罢休；除非不想，想不明白绝不罢休；除非不辨别，辨别不清楚绝不罢休；除非不去做，做得不扎实绝不罢休。人家学一次就会了，自己学一百次；人家学十次就会了，自己学一千次。真能依此做下去，即使原来愚昧，一定会变得精明；即使原来柔弱，一定会变得坚强。

诠评

哀公，鲁哀公。文武，周文王、周武王，此指有道德之政。方策，木牍、竹简，当时的书本。敏，勤勉。蒲卢，一种细腰蜂，取螟蛉幼虫背负着，作为养子养料。古人见其背负螟蛉幼虫，误以为代他人养子，故以此喻政，养他人之子，关爱万民。即政治，就是养护、关爱人民。此说借鉴于汉代郑玄、唐代孔颖达说。《论语·颜渊》孔子说："政者，正也。子帅以正，孰敢不正?"《孟子·万章上》孟子说："伊尹……曰：'……天之生此民也，使先知觉后知，使先觉觉后觉也。予，天民之先觉者也；予将以斯道觉斯民也，非予觉之而谁也?'思天下之民，匹夫匹妇有不被尧舜之泽者，若己推而内之沟中；其自任以天下之重如此!"孔子、孟子皆以天下为己任，以拯民众于水火之中为己任。孔子说："仁者爱人。"孟子说："亲亲"、"仁民"、"爱物"。这与本书对蒲卢之政的理解完全是一致的，是孔子、孟子儒家核心思想体系爱民之政的新颖表述方式。"亲亲之杀"的"杀"（shài），差，等，亲疏程度不同。跲(jiá)，绊倒，不顺利，不流利。

《中庸》共 3 565 字，而此章达 779 字，占全篇五分之一强。几乎论证了整体的为政之道。孔子认为周文王、周武王的治国仁政，随人亡而政息。春秋时，文武之政只是记在简牍上的美好理想而已。即孔子向鲁哀公指出，当时都没有行文武之政。其实一个政治家应该勤勉于政务，不该松懈怠慢，这是自己的职责决定的。政治搞好不容易，但也不复杂，无外乎爱人亲民。能否做到，就是统治者个人修心修身够不够的问题了。统治者自我加强修养固属重要，而统治者代代风范，相互影响，形成良好风气，也是极为重要的。“各领风骚数百年”，再贤明的政治家也包办不了身后事，但可以培养好下一代贤明政治家，新一代政治家要向老一代贤明政治家学习，这样就不使“文武之政”只是“布在方策”了。

其根本，就是统治者必须修仁道。仁道，就是人道，是人性之道、人情之道、人伦秩序之道。仁与义二者不可偏废，在强调仁道亲亲的同时，必须注重尊贤。仁义研究明白了，就是明白了修身之根本。而把人研究明白了，且能率先行人道，就能理好政、治好民、做好官。

其实，此章是在讲如何培养、教育年轻的新政治家，所教所学的内容皆应合于中庸之道。知人之先需知天理，天理就是人伦秩序：君臣、父子、夫妇、兄弟、朋友。天下通行的道德，就是“知、仁、勇”，真正做到此三者，就是做到了中庸之道。只有做到了中庸之道，才能真正地好学、力行、知耻，也才能做个好的统治者。优秀的统治者才能以九经治国，即“修身”、“尊贤”、“亲亲”、“敬大臣”、“体群臣”、“子庶民”、“来百工”、“柔远人”、“怀诸侯”。真正执行了九经，仁义之道就会得到确立，百姓就不迷惑方向，兄弟之间就真诚团结，官员之间就严肃认真并全力报效国家，百姓受到鼓舞，财用充足，远人归心，外敌畏惧。此九经有根，根就是修身，怎么修身？诚意正心，沐浴洁衣，守礼不苟，视听言动皆合于礼。修身的根就是诚。天道为诚，人道为使之诚。“诚者，不勉而中，不思而得，从容中道，圣人也。诚之者，择善而固执之也。”一般学道者，是“择善而固执之也”。执善而行是好的，但执一善而不放，永远仿此而行，则不免于固守不权，有碍时中、事中。所以，择善而守之可以，但要与时俱进，与事俱进，不要固守一事之中而忽略万事的发展。作为一位有作为的官长，能做到学、问、思、辨、行五者，且能百于人、千于人，愈学愈进，“虽愚必明，虽柔必强”。这是人人明白的真理。

此章论治国重要的一点，是“官盛任使”，强调管理者对下级中代表人物，必须以诚相待，充分信任，提高其地位，以充分发挥其带动作用。周成王以周公为相辅，刘备以诸葛亮为军师、丞相可以为此论之例证。

《中庸》一书的思想内容几乎是孔子、孟子等儒家思想的高度概括，而此章又几乎是《中庸》一书的高度概括。之所以如此而论，则在于此章从为政的指导思想、为政的方略到为政的方法论述得非常系统而严谨。“为政在人”，指出修身的重要性、必要性。随之，论述了修身的内容、方法。最后强调修身的核心是“诚”。只要以“诚”修身、持之以恒，那就能“虽愚必明，虽柔必强”。几乎包括了儒家“修己治人”、“修己安人”的全面主张与论述。为政者当读此章。

名家点评

郑　玄：诚者，天性也。诚之者，学而诚之者也。因诚身说有大至诚。

朱　熹：敏，速也。蒲卢，沈括以为蒲苇是也。以人立政，犹以地种树，其成速矣，而蒲苇又易生之物，其成尤速也。言人存政举，其易如此。

人君为政在于得人，而取人之则又在修身。能修其身则有君有臣，而政无不举矣。

李　贽：“位”、“育”的条目，“戒”、“惧”的方法，备具此篇。故知大圣大贤，决不作空头话也。

张　岱：夫子论政多矣，莫详于告哀公。子思采入《中庸》，以见夫子无舜之遇，无武之功，无周之权，而其天下国家之作用无不备足；则尧舜以来之统，所以归之夫子也。

古来尧舜揖逊，汤武征诛，周公破斧等事，惊天动地，骇古震今。即自后人观之，颇为咋舌。何以自圣人出之，却是吃饭著衣，不惹分毫勉强？此从容之妙也，此中庸之妙也。

康有为：君主之政体，莫如文武，孔子举以为哀公法。荀子曰："不患无治法，患无治人。"苟无其人，则虽有良法美意，亦文具空存而已，无关实政，不能逮民也。蒲，苇也。以人立政，犹以地种树，且如种蒲苇之草，最为速成也。

为政以人才为本，故人君劳于求贤，而逸于得人。然人之贤否，因用人之才德高下，而与应之。

第二十一章

自诚明，谓之性；自明诚，谓之教。诚则明矣，明则诚矣。

译文

由诚而明，就是天性；由明而诚，就是教育的功能。诚，自然就明；明，可以通过教育达到诚。

诠评

郑玄注：“自，由也。”诚，真，自然；无声无形，无色无味。将“诚”讲成善、纯、正时，就有了趋善的倾向。

此章所论诚、明二者之关系，其实是在论天道、人道的不同作为。前章所论：“诚者，天之道也；诚之者，人之道也。”此章所谓：“自诚明”即天之道；“自明诚”，即人之道。这是提出了人之道就是教育，教育使人明，明而后从善，善而后能诚。众生之中，天性即诚者，就是“诚者明矣”，能够“不勉而中，不思而得，从容中道”者，只有圣人。一般来讲，都是可以通过教育使之诚者，“明则诚矣”。教育能使众生明善、从善、真善，事事善，习惯善，以至近乎自然之善，就是诚。教育对于人类善性的固守，善性的弘扬，大善的启发、清明都起到了植根、固本的作用。此章所谓诚，是人类修养所达到的最高境界。而一般所谓诚信，仅是“诚”的境界中的一小部分。

名家点评

郑 玄：由至诚而有明德，是圣人之性者也。由明德而有至诚，是贤人学以知之也。有至诚则必有明德，有明德则必有至诚。

孔颖达：诚则明矣者，言圣人天性至诚，则能有明德。由至诚而致明也。明则诚矣者，谓贤人由身聪明习学，乃致至诚。故云明则诚矣。是诚则能明，明则能诚，优劣虽异，二者皆通有至诚也。

朱 熹：德无不实而明无不照者，圣人之德。所性而有者也，天道也。先明乎善，而后能实其善者，贤人之学。由教而入者也，人道也。

李 贽：说得明白，人亦可以无委于“诚”、“明”矣。

张 岱：天命之谓“性”，修道之谓“教”，异名只是同源。“自诚明，谓之性；自明诚，谓之教。”两路总归一路。《楞严经》上说：“性觉妙明，本觉明妙。”松山注云：“即寂而照曰妙明，即照而寂曰明妙。”即此意也。

《论语》无“诚”字，《中庸》始言之。周子曰：“诚无思，诚无为。”此解“诚”字之妙旨也。别解皆非。（按：此或为糅道入儒、糅佛入儒之例也。）

康有为：自诚而明者，如大日之含热力，自然大放其光，此天生之圣，由性自得之也。自明而诚者，如蓄火之生热力，此人为之事，由教而成之也。含实热者，无不放光明；得光明者，无不有实热。

第二十二章

唯天下至诚，为能尽其性；能尽其性，则能尽人之性；能尽人之性，则能尽物之性；能尽物之性，则可以赞天地之化育；可以赞天地之化育，则可以与天地参矣。

译文

只有天下最纯诚的圣人，能够充分体现人性之善美；圣人能充分体现人性之善美，就能化育万民，使之体现人性之善美；万民皆能体现人性之善美，就能使万物各适其所；能使万物各适其所，就能赞助天地的运作与培育；能赞助天地的运作与培育，就可以与天地相互配合了。

诠评

至诚，纯诚。赞，助。化育，演化运作培育。参（cān），配合，相通，相融。

圣人乃天下的纯诚之人，无天道之外的私欲，其所展现的都是人性之善美，是天下万民的表率风范。由于圣人的风尚与积极用世的精神，可以启发教化万民，化顽劣为朴厚，育柔弱为刚强。天下万民受化育而复善良，自然就取万物而有度，用万物而尽其性，即充分发挥万物各自的作用，不得戕害、浪费。这自然易于使人与天地相融相通，相互配合。即人与大自然是一体了。这样才能利于人类世界的持续发展。钱时《融堂四书管见》："言诚足矣，又曰至诚，非于诚上更有加也。所以极言之也，天命之性人人所同，虚灵湛然，本无欠缺。情伪相感，意蔽欲昏，是以冥冥妄行，不能全其所固有尔。至诚无妄，纯德孔明，自然无所亏损。故曰：能尽其性。尽者洞彻底蕴，略无纤毫欠缺。非谓有加于其所固有也。”中国优秀传统文化确实伟大，论证人与大自然关系无论如何深刻、形象，绝不会落入宗教式的不可攀求的空洞说教，都是实在实际的，都是实践性很强的，如认真照办了，就一定会见和谐的成效，而最终又都是落到人的个体修身、正心、诚意上。

名家点评

郑　玄：尽性者，谓顺理之使不失其所也。赞，助也。育，生也。助天地之化生，谓圣人受命在王位致太平。

朱　熹：尽其性者德无不实，故无人欲之私，而天命之在我者，察之由之，巨细精粗，无毫发之不尽也。

李　贽：此是鸳鸯谱也，金针还在“戒慎”、“恐惧”处。

张　岱：杨复所曰：“吾儒之学，原以人物为担子，化育为生涯。作伪者，不能尽其性，遂与草木同朽腐。至诚者，能尽其性，则与天地并立而为三矣。孰去？孰取？人其择之。”

康有为：人性万端，物性亿汇，不知其性而施其政教，则凿枘多方，是犹享爰居以钟鼓，沐楚猴以冠裳，必将悲忧眩视，或毁裂以去也。

第二十三章

其次致曲。曲能有诚，诚则形，形则著，著则明，明则动，动则变，变则化。唯天下至诚为能化。

译文

接着就是偏才、偏长者。虽仅具某一善端，但经过教育，也会具备善的全体，即明善，善明就到了诚的境界；内心诚，外在形体自然有所体现；有所体现，逐渐显著；善性显著，就是明善；明善就能使周围人心动，大家都心动，就会有根本的改变；从根本上有了改变，就能化众不善而为善。只有达到天下纯诚，才能化众不善而为善。

诠评

致曲，致，推致；曲，偏于一端，不全。偏于一端，就是只有一部分善性，善性不完全。

善性不全，可以通过教育恢复其完全的善性。这就有两方面均需努力的问题：一方面是善性不全者，认识到自己善性不全，且有完善善性的愿望；另一方面是师长乐于教诲他。这两个条件都具备了，就会使不全善之人变而为全善之人。即上文“好学、力行、知耻”最终可至于诚。全善之人自然明善，自然明善就是诚。袁甫《蒙斋中庸讲义》：“曲能有诚，谓诚之者，次于至诚也。……然则曲能有诚，及其变也，则与至诚能化者无以异也。”曲所以能变而为诚，则必须经过长期的教育。所以说，“曲能有诚”，就是充分肯定教育的巨大功效。此章第二个重点，在于每个人都能通过教育而为明，而致诚，就会形成天下万事万物的大变化、大变革。所以教育使人诚，诚而后化天下不善而为善，这一功效是潜移默化的彻底的伟大变革。

名家点评

郑　玄：其次，谓自明诚者也。致，至也。曲，犹小小之事也，不能尽性，而有至诚，于有义焉而已。

朱　熹：其次，通大贤以下凡诚有未至者而言也。

李　贽：又为中、下设法。

张　岱：何谓曲？曰：火在石中，击石传火。何谓化？曰：火出石尽，灰飞烟灭。

康有为：学者但患曲之不致，不患道之不成。如怀妊然，积微著而生人矣。

第二十四章

至诚之道，可以前知。国家将兴，必有祯祥；国家将亡，必有妖孽。见乎蓍龟，动乎四体。祸福将至，善，必先知之；不善，必先知之。故至诚如神。

译文

纯诚的效力，可以预知事物的未来结果。国家将要兴旺，一定有种种吉兆出现；国家将要灭亡，一定有种种凶兆出现。显现在蓍草占与龟板卜上，也显现在万民的肢体行为上。祸患、福分将要到来时，吉祥，一定先知道；祸患，一定先知道。所以纯诚如同天地造化的无声无息的作为。

诠评

“至诚之道”的“道”，成效。祯祥，吉兆。妖孽，凶兆。蓍（shī），一种用来占卜的草。龟，指用来占卜的龟壳。四体，指人的四肢体态外部表征。神，《论语·述而》：“子不语怪、力、乱、神。”为什么孔子之孙子思于此提出了“至诚如神”的命题？此“神”字与孔子所不语的“神”字，含义不同，并非超社会、超自然的人格化的至高无上的权威，而是天地造化的无形、无声、无味的作为与影响。

天下至灵至明莫如人心，愚人不静心、不明心，是以愚昧。至诚，就是心中意念最澄明的程度。至诚即纯诚，精诚，诚之通透，诚之明澈。纯诚与天地造化融会贯通，“与天地参”即与天地融为一体。纯诚，自然无私无偏，看来中庸无碍，洞悉深察而自然，即精识万物之理，熟知众生之情思，所以子思命之为“至诚如神”。即使一般人稍微冷静定神，客观思考，就会明白诸多事理，亦可预知一些将发生的事。何况大有修养的“至诚”师长呢，所以“预知”并非迷信鬼怪神灵。当然，古代圣贤是通过蓍龟手段预测吉凶的，但实质是圣贤依据人类社会实际而借助蓍龟阐述自己的看法而已。

北宋周敦颐与二程带动有宋一代糅佛、道入儒，其切入点就在于《孟子》、《中庸》。而《中庸》论“诚”的几章尤为关键。因其把儒家精神境界修养推到极致，被人误以为宗教界的神、佛式的境界，所以这部分内容必须认真地切实对待，将儒家独特的最高精神境界体悟得恰到好处。可见，儒家高境界的悟通既不是宗教，又有佛家高尚的宗教式的精神境界。

名家点评

郑 玄：可以前知者，言天不欺至诚者也。前亦先知祯祥妖孽，蓍龟之占，虽其时，有小人愚主，皆为至诚能知者出也。四体谓龟之四足。

朱 熹：惟诚之至极，而无一毫私伪留于心目之间者，乃能有以察其几焉。神，谓鬼神。

李 贽：“国家将兴”九语，是神之前知处。“至诚”不借此而自前知，所以曰“至诚如神”。

张 岱：《论衡·卜筮篇》：“子路问孔子曰：‘猪肩羊膊可以得兆，雀苇藁芼可以得数，何必以蓍龟？’孔子曰：‘不然，盖取其名也。夫蓍之为言耆，龟之为言旧也，明狐疑之事当问耆旧也。’”

《西京杂记》卷三：“樊哙问陆贾曰：‘自古人君受命于天，云有瑞应，岂有是乎？’贾曰：‘目瞤得酒食，灯花得钱财，乾鹊噪而行人至，蜘蛛集而百事喜。小既有征，大亦宜然。’”

康有为：前知，预记后事也。……谶记之说，灾祥之论，卜相之事，窈异恍惚，不尽可信。而前知之理，盖实有之，经史传记，繁不胜征。

第二十五章

诚者自成也，而道自道也。诚者物之终始，不诚无物。是故君子诚之为贵。诚者非自成己而已也，所以成物也。成己，仁也；成物，知也。性之德也，合外内之道也，故时措之宜也。

译文

真诚是自我成就的，道是自我践行的。真诚是万物的开始与终结，没有真诚就没有万物。所以君子以成就真诚为崇高。真诚，不是使自己真诚就够了，而是要使万物各尽本性，适得其所。使自己真诚是仁，使万物各得其所是智。真诚是天性的道德，合于心性、践行的道理，所以随着时间的推移也总是放之四海而适宜的。

诠评

此章“诚者自成也，而道自道也”，第二十章“诚者，天之道也；诚之者，人之道也”，两处“诚者”所指不一，第二十章“诚者”，是指天道自成之“诚”，而此章“诚者”，是指在认识到“诚”的必要后，努力修养自己而达到的“诚”。即第二十章“诚之者，人之道也”。此章中“是故君子诚之为贵”的“诚之”，就是努力修养使自己达到的诚。“性之德也”，指“诚”是天性之德，合于心性、践行的一切道理。“时措之宜也”，时，时时，不时，不论何时；措，置，放，用。不论在什么时候、什么地方，用真诚的道理都是合宜的。

袁甫《蒙斋中庸讲义》：“诚即道也，非二物也。自成自道，岂有所为哉？循乎天则，而未尝加毫末于其间也。诚，成通。诚者，物之终始，举天地间皆物也。有是物则有是诚。终而始，始而终，如循环无端，岂有尽际；周遍弥满，略无少罅；曲折变化，莫非天则。此物之终始也，不诚是无物也。”此章所论之“诚”，包括仁与智，即“成己”、“成物”，事实上与“仁”的内涵相同。而《中庸》所论的“诚”是儒家思想修养的最高境界，它是在仁义礼智信之上的澄明精神。有了这种精神，仁德才能更为自觉，以致自然。

名家点评

郑 玄：物，万物也，亦事也。大人无诚，万物不生；小人无诚，则事不成。

朱 熹：道也之道，音导。言诚者物之所以自成，而道者人之所当自行也。诚以心言，本也；道以理言，用也。

李 贽：诚者不惟成己，而且成物；不诚者，不惟不能成物，而亦不能成己。路径如此，惟人自择。

张 岱：杨复所曰：“‘成物’，容易说‘仁’，而此独说‘知’，极妙。盖凡欲担当世界，肩荷乾坤，非有过人之识、绝世之智者决不能。此所以《大学》说诚意，必先致知；《中庸》说诚身，必先明善也。若非‘知’，则‘仁’亦一人之‘仁’耳。”许敬庵曰：“诚自成，而道自道，总是责成于己。然有己必有物，而物皆统于吾之一诚，故曰：‘诚者，物之终始，不诚无物。’如君臣、父子、夫妇、兄弟、朋友之间，一有不诚，便皆乖隔，此‘不诚无物’也。故‘诚’所以成己，即所以成物。”

康有为：天下万物，无大无小，以真实无妄为主。一滴之滥泉可成江河，一颗之根种可成蟠木。若堰水成塘，剪彩为花，非不美观，应时竭瘁，故终始万物，莫过于诚。人心有一不诚，则一切道艺功德，虽极崇高，皆为伪耳，终归无有。故君子之成己，贵诚而戒伪。

第二十六章

故至诚无息。不息则久，久则征，征则悠远，悠远则博厚，博厚则高明。博厚，所以载物也；高明，所以覆物也；悠久，所以成物也。博厚配地，高明配天，悠久无疆。如此者，不见而章，不动而变，无为而成。天地之道，可一言而尽也：其为物不贰，则其生物不测。天地之道，博也，厚也，高也，明也，悠也，久也。今夫天，斯昭昭之多，及其无穷也，日月星辰系焉，万物覆焉。今夫地，一撮土之多，及其广厚，载华岳而不重，振河海而不泄，万物载焉。今夫山，一卷石之多，及其广大，草木生之，禽兽居之，宝藏兴焉。今夫水，一勺之多，及其不测，鼋鼍、蛟龙、鱼鳖生焉，货财殖焉。《诗》云："维天之命，於穆不已。"盖曰天之所以为天也。"於乎不显，文王之德之纯！"盖曰文王之所以为文也，纯亦不已。

译文

所以纯诚是不停息的。不停息的纯诚就能长久，长久纯诚就能被人们认识，人们认识就能传得长远，长远起作用就博大厚重，博大厚重就高大光明。博大厚重，就能负载万物；高大光明，就能覆盖万物；悠久长远，就能使万物各得其所。地配称博厚，天配称高明，天地之德悠久长远而无边际。如上所讲的，不露形迹而彰显，不动作而有变化，无所作为而能使万物各得其所。天地之德，可以用一个字而概括它（就是"诚"）：它对待万物无二心，对万物的恩泽是无法估量的。天地之德，广博、厚重、高大、光明、悠远、长久。如果说天，就是头上光明的扩展，以至它无限地扩展，包揽了日月星辰，覆盖了万物。如果说地，就是一撮土的扩展，以至它广袤厚重，负载华山也不显重，收敛河海也不泄漏，万物都背在它的上边也不嫌累。如果说山，就是一块石头的扩展，以至它宽广高大了，生长了草木，禽兽居于其中，又有了矿藏。如果说水，就是一勺水的扩展，以至它广阔渊深难测，鱼鳖虾蟹生活于其中，水产物品就丰富了。《诗经·周颂·维天之命》："只有天的大命，啊！庄严肃穆，永不停止。"大概是说天之所以为天。"啊！就在不显扬自己的功德，周文王的德性就在于纯诚！"大概是说，周文王被谥号为文的原因，就在于纯诚不息。

诠评

无息，不停息，不间断。征，验证，被认识。"天地之道，可一言而尽也：其为物不贰"，天地的大德，可以用一个字概括它，就是"诚"。它对待万物就是"诚"，没有三心二意。昭昭，光亮，指头上的天空。多，扩展。一撮土，此"撮"为名词，收集残土或垃圾的器具，类似小簸箕。东北农村称之为撮子，也用它往袋子里装粮谷。华岳，指五岳之一的西岳华山。振河海，收敛河海。一卷石，即一拳石，一块石头。鼋（yuán），大鳖。鼍（tuó），大鳄，扬子鳄，亦称鼍龙。

此章讲天、讲地、讲山、讲水，实质都是在讲人应法天、法地、法山、法水，做到博厚、高明、渊深、宽广、悠久，以至纯诚。此章讲，天地山水之德，也是"积土成山，积水成渊，积善成德"的。而朱熹特别指出："然天地山川，实非由积累而后大，读者不以辞害意可也。"所以此处只是比喻而已，而要人们"积善成德"罢了。钱时《融堂四书管见》："心之隐微有罅隙渗漏便间断，至诚则纯明融一，自然无息。不息则自然可久，久则自然发露，故有征。征非若爝火之光，暂作而遽辍也。有征而且悠远也，非有征之能悠远也，不息之运也。到此则自然博矣，厚矣。博厚则自然高矣明矣。”天地之崇高光明，博大厚重，自然就“风雨兴焉，蛟龙生焉”，以喻人们由明而诚后的精神富有丰厚。引用《诗经·周颂·维天之命》说明两点：一是说明“天之所以为天”，就在于无私、无争；二是说明“文王之所以为文”就在于纯诚不息。全章总的论点就是天地高明、博厚、悠远，能承载万物、覆盖万物，能成就万物，就在于诚而不息。人们应效法天地，学习周文王纯诚不息，就一定能成为博大精深之士。只有博大精深之士才能真正做到“先知觉后知，先觉觉后觉”。

名家点评

郑 玄：征，犹效验也。此言至诚之德既著于四方，其高厚日以广大也。征或为彻。

朱 熹：悠久，即悠远，兼内外而言之也。本以悠远致高厚，而高厚又悠久也。此言圣人与天地同用。

李 贽：只是一个“至诚”，便了得天地间无限事体，便做得天地间无上人物。天地人物都赖我“位”、“育”，人若不信，文王便是个样子。

张 岱：“博厚”六字是功用，不可云同体。圣人与天地同体在至诚，不在博厚、高明、悠久。

康有为：纯，《易》所谓“刚健中正，纯粹精也”。《论语》曰：“文王既没，文不在兹乎？”《公羊》曰：“王者孰谓？谓文王。”王氏愆期曰：“文王，孔子也。”何氏休曰：“盖孔子为拨乱改制之文王。”子思言其道纯美，同天之悠久、博厚、高明，而不能绝于后世也。

第二十七章

大哉圣人之道！洋洋乎！发育万物，峻极于天。优优大哉！礼仪三百，威仪三千。待其人而后行。故曰苟不至德，至道不凝焉。故君子尊德性而道问学，致广大而尽精微，极高明而道中庸，温故而知新，敦厚以崇礼。是故居上不骄，为下不倍，国有道其言足以兴，国无道其默足以容。《诗》曰："既明且哲，以保其身。"其此之谓与！

译文

伟大啊！圣人之道！浩瀚广远啊！生发培育万物，崇高达天。丰富广大啊！大礼三百条，小礼三千条。等待人们受教成德后去践行。所以说，如没有高尚的道德，就不会成就高尚的圣人之道。所以君子遵行道德而以学问为正途，达到广大而又不放松细微的修养，达到崇高光明的境界而又时时取道中庸，温习过去的知识而获取新知识，朴实厚重而崇尚礼仪。所以在上位却不骄慢，在下位而毫无违礼背道之念。国家政治清明之时，他的治国兴邦理想就能充分受到重视；国家政治昏暗时，他沉默不语，也能够保全自己的名节。《诗经·大雅·烝民》说："既明晰又智慧，可以保全身与名。"大概就是讲的这个意思吧！

诠评

圣人之道，此章是指孔子之道。发育万物，本是讲天地功德的语言，于此系借用而讲孔子的功德，意为启发众人的善性，培育众人的仁德。峻，崇高。极，目标。礼仪，指大礼。威仪，指小礼。

凝，聚，成就。“既明且哲，以保其身”，系《诗经·大雅·烝民》的句子。朱熹注：“明，谓明于理；哲，谓察于事；保身，盖顺理以守身，非趋利避害，而偷以全躯之谓也。”朱熹所谓“顺理以守身”的守身，是守身之名节。所以此章译为“保全自己的名节”。

前章以论天地大德大道而起比兴作用，而后引出周文王纯诚似天。而此章则接叙孔子圣人之道伟大如天。其礼仪，其规范需有德者推行之。袁甫《蒙斋中庸讲义》：“中庸即礼也。子思论礼而及于道德，正夫子所谓‘吾道一以贯之’也。自此以下多说礼，学者当会通而观之。”不以诚学道，就不能成就圣人之道。要想成就圣人之道，就需做到遵循德性而以学问为正道，即追求广大而又完善精微之处，达到高明却行中庸之道，“温故而知新，敦厚以崇礼”。只有修养到如此程度，才能出仕顺畅，无论遇上有道、无道之世都能行道、守身。所以欲有所作为者，必切实修养圣人之道。

名家点评

孔颖达：君子尊德性者，谓君子贤人尊敬此圣人道德之性，自然至诚也。而道问学者，言贤人行道，由于问学，谓勤学乃致至诚也。致广大而尽精微者，广大谓地也，言贤人由学能致广大，如地之生养之德也。而尽精微，谓致其生养之德，即能致于广大尽育物之精微，言无微不尽也。极高明而道中庸者，高明谓天也，言贤人由学极尽天之高明之德，道通也，又能通达于中庸之理也。

朱　熹：敦，加厚也。尊德性，所以存心而极乎道体之大也。道问学，所以致知而尽乎道体之细也。二者修德凝道之大端也。不以一毫私意自蔽，不以一毫私欲自累，涵泳乎其所已知，敦笃乎其所已能，此皆存心之属也。析理则不使有毫厘之差，处事则不使有过不及之谬，理义则日知其所未知，节文则日谨其所未谨，此皆致知之属也。

张　岱：管登之曰：“‘发育’，陶冶之意。蒙昧而开导之曰

‘发’，既开而培养之曰‘育’。”

康有为：赞叹孔子之道之大，下则能育万物，上则峻极于天也。庄子赞孔子曰：“配天地，本神明，育万物，四通六辟，其运无乎不在。其存而在《诗》、《书》、《礼》、《乐》、《易》、《春秋》者，缙绅先生能明之。”与子思略同。

三世之礼不同，皆待后之圣人，观其会通以行之，苟非至德之人，亦不能聚此大道而有成。若曹丕之行揖让，谓舜禹可知；王莽之改礼制，谓周公可仿，欲借圣道以售其奸伪，亦卒无成功也。

第二十八章

子曰："愚而好自用，贱而好自专，生乎今之世，反古之道。如此者，烖（灾）及其身者也。"

非天子，不议礼，不制度，不考文。今天下车同轨，书同文，行同伦。虽有其位，苟无其德，不敢作礼乐焉；虽有其德，苟无其位，亦不敢作礼乐焉。

子曰："吾说夏礼，杞不足征也；吾学殷礼，有宋存焉；吾学周礼，今用之，吾从周。"

译文

孔子说："愚昧却喜爱自以为是，地位低下却喜爱独断专行，生在今日社会，却反回古旧做法。这样的人，祸灾一定落到他的身上。"

不是天子不确定礼制，不制定制度，不考正变动文字。现在天下，车子两轮距离相同，文字形体一致，行为有共同的伦理约束。即使有相应的地位，如果没有崇高的道德，也不敢制礼作乐；即使有崇高的道德，如果没有相应的地位，也是不敢制礼作乐的。

孔子说："解说夏礼，在它的后裔杞国已找不到证明了；我学习殷礼，在它的后裔宋国只能找到一点遗存；我学习周礼，现在天下都在用它，我遵循周礼。"

诠评

考文，考证文字，以求统一文字。车同轨，天下车子的车轴长短一样，两轮距离相同，天下的道路宽窄也就统一了。礼仪、制度统一，文字统一，道路统一，这是天下一统的主要标志。天下一统是改革的成就，无需乎再打破局面，重建新的机制，更不该“反古之道”。说，解说。

孔子及其孙子思都是主张与时俱进的。此章提出君子要向前看，当然，借鉴古代经验不等于向后看。要创新，但不是什么事都需创新，好用的制度、风俗要照样用。不要不管自己所处何位，就乱改制度。要明确自己的身份、地位、权限，再去做与之相适应的事。学习研究问题要有用于今，夏礼如何，主要依据是夏的后代杞国都不用夏礼了，一点痕迹也没有了，于今日的价值可想而知了；殷礼还有点遗迹，只是在殷后代宋国有点影子，于今日的影响当然微乎其微了。而周礼，现在天下都在用，当然，圣贤与众庶就应当遵循周礼而为了。在这个问题上深刻体现了孔子与子思重视当代实用价值的思想，很有积极进步的精神风貌。同时强调了社会礼制不可僭越。当然，不能绝对否定古道，要有分析地研究哪些古道于今世有用，以便有针对性地弘扬。而中庸之道就是应加以弘扬的。袁甫《蒙斋中庸讲义》：“嗟乎！居今反古，宁不可嘉。所谓古道者，特未易言耳。夫中庸之道，古道也，合天下之智以为智，而不自用其智。合众人之能以为功，而不自专其功。所谓善世而不伐劳，谦有终兹，岂非中庸之道乎！今以愚且贱，而乃自用自专，变今之俗，违古之道，自招灾殃，尚不知悔之人也，正所谓反中庸者也。”一定要明确学古是为通今，解决好今天的问题，绝不要“生乎今之世，反古之道”。当然，借鉴弘扬优秀传统文化，把今天事做好，这是积极进步的，绝不是复古，而是创新。

名家点评

郑　玄：反古之道，谓晓一孔之人不知今王之新政可从。

朱　熹：今，子思自谓当时也。轨，辙迹之度。伦，次序之体。三者皆同，言天下一统也。

李　贽：只是一个小心，能“戒慎”、“恐惧”而已矣。

张　岱：此章并陈德、位、时，固不止为在下言也，而大意则归重于夫子从周之意。盖人知有位无德之不可作，而不知有德无位之亦不可作。“亦”字须玩。故夫子之从周，所以从时也。时之所在即中庸矣。

康有为：古今异宜，日新其道。今世当用今法，若远引神农之并耕，禹之土阶土簋，非徒不行，亦且招灾。此孔子改三世之制，开新王之法，以治后世。而子思引之，以攻时流守旧复古之徒也。

第二十九章

王天下有三重焉，其寡过矣乎！上焉者虽善无征，无征不信，不信民弗从；下焉者虽善不尊，不尊不信，不信民弗从。故君子之道，本诸身，征诸庶民，考诸三王而不缪，建诸天地而不悖，质诸鬼神而无疑，百世以俟圣人而不惑。质诸鬼神而无疑，知天也；百世以俟圣人而不惑，知人也。是故君子动而世为天下道，行而世为天下法，言而世为天下则。远之则有望，近之则不厌。《诗》曰："在彼无恶，在此无射；庶几夙夜，以永终誉。"君子未有不如此，而蚤有誉于天下者也。

译文

统一治理天下要重视三件事（本诸身，征诸庶民，考诸三王），大概就少出错误了。上古君王，虽有善闻，而无验证；没有验证就不被人们相信，不相信就不能服从。没有君位的圣贤，虽然善行可见，但没有高位；没有高位人们就不相信，不相信人们就不服从。所以统一天下的君子之道，以自身的道德为根本，通过百姓的验证，通过对夏商周贤王的考察而没有违谬，立于天地之间而没有悖逆，请教自然造化而无疑惑，百代以后新圣出现前都不会没有方向。请教自然造化而无疑惑，就是知天；百代以后新圣出现前都不会没有方向，就是知人。所以君子的举动是天下世世代代的方向，行为是天下世世代代的礼法，言论是天下世世代代的准则。远方人心向往之，周围人学而不厌。《诗经·周颂·振鹭》："在那里没有人厌恶，在这里没有人嫉妒；起早贪黑地做事，以获得永远的光荣。”君子没有不这样而能过早获取天下赞誉的。

诠评

三重，先贤先师多认为是议礼、制度、考文。制礼作乐，制定等级名分制度，统一文字，不仅是治理国家的重要举措，也是统一天下的重要举措。但此章“三重”断不是如此含义。而是“本诸身，征诸庶民，考诸三王”。贤君圣王在尊礼、尊贤前提下，注重提升自身修养，加强执政能力；学习舜“好问”的精神，以求得人民的支持；谦诚地借鉴夏商周贤王的历史经验。这才是做天下之王的大事，最重要的事。《墨子·非命上》认为判定治国是非标准有三个：“上本之于古者圣王之事”，“原察百姓耳目之实”，“发以为刑政，观其中国家百姓人民之利”。这就是“三表法”。其中，借鉴古圣王经验与听取人民意见以求得拥护这两点，与此章“征诸庶民，考诸三王”是一致的，而另一点实质也是一样的。可见，儒墨两家虽矛盾激烈，但在治国重要途径上也有相似处。反证“本诸身，征诸庶民，考诸三王”，确实是王天下的重大措施，连墨家都重视。上焉者，上溯夏、商、周三代贤王。下焉者，在下位的圣贤。君子，理想的圣贤之君，或为君之圣贤。缪，与“谬”通假。鬼神，自然造化。无射，无嫉妒。蚤，即早。

此章承上章续论圣贤无位，无权制礼作乐，不能使百姓服从。古圣先贤，只有传闻，而不能实际做今日百姓的典范，所以百姓也是不服从。只有圣人得位，或有位的圣贤，他们能够以自身的高尚修养作为导民的风范。时时以古贤圣的伟大作为自己的楷模，且去践行它，多方面经常反省自己，纠谬补偏，验之百姓，验之天地造化。要做到“不谬、不悖、无疑、不惑”，“知人、知天”。这样的作为，即使百代也能指导老百姓。这两章强调了圣人有位的重要性。无位则不易于行道，反证孔子列国求位的必要性。“愚而好自用”，是指有位无德者，容易出现的问题。“贱而好自专”，是指有德无位者，容易出现的问题。“愚”、“贱”均不可调动百姓治国兴邦。于是此章提出有位君子是理想的管理者，之所以理想就在于他既有发号施令、制礼作乐的权利，又能加强自身修养，提高执政能力，虚心征求百姓的意见，恭敬地借鉴古代贤圣的治国经验。只有这样的君主才能把国家真正治理得好，而其自身自然会赢得人民的由衷敬爱。不会有任何人，不加强自身修养、不多方面学习就会取得天下人的光荣赞誉的。

名家点评

郑 玄：上谓君也。君虽善，善无明征，则其善不信也。下谓臣也。臣虽善，善而不尊君，则其善亦不信也。征，或为证。

朱 熹：此君子，指王天下者而言。其道，即议礼、制度、考文之事也。本诸身，有其德也。征诸庶民，验其所信从也。建，立也，立于此而参于彼也。

李 贽：学问到“知天”、“知人”地位，亦只是“寡过”、“终誉”而已矣。今人举业文字方通，便欲声名洋溢乎天下，此其所以多过也。善乎不祈有誉，止祈无过之言之善读《中庸》也！

张 岱：项仲昭云：“题内‘征诸’、‘考诸’等字，是说印证，不是说效验，而‘征诸庶民’句下，独无‘不谬’、‘不悖’字样，盖民心之信从，可察而不可恃也。”“百世以俟”犹云圣人复起，必从吾言矣。犹云有王者起，必来取法耳。

康有为：上焉者，君也。世虽有贤君，而其制作美否，未见征验焉。下焉者，士也。世虽有名士，而其制作之书，未见尊崇，故民弗信从也。君子，孔子也。孔子之道，民皆信从。

第三十章

仲尼祖述尧舜，宪章文武；上律天时，下袭水土。辟如天地之无不持载，无不覆帱；辟如四时之错行，如日月之代明。万物并育而不相害，道并行而不相悖。小德川流，大德敦化。此天地之所以为大也。

译文

孔子以尧舜为宗主，以周文王、周武王为礼则，上以天时为约束，下以地理为参照。如同天地无不负载，无不覆盖；如同四季的往复运行，如同日月交替辉映。万物共同发育而不相侵害，各种学说各展其长而不相斥责。小的德性自然畅流，大的德性敦化万物。这就是天地之所以为大的道理。

诠评

覆帱（dào），覆盖。持载，负载、承载。

此章则将天道落到了孔子身上。天之美德即孔子的美德。袁甫《蒙斋中庸讲义》："圣人未尝有一毫私意，无非顺天地之自然，所以能如天地之无不持载，无不覆帱。若有一毫私意，岂能与天地相似，如四时之错行，如日月之代明？若有一毫私意，岂能与四时、日月相似、错行、代明？不可不玩味。四时、日月一阴阳也，阴阳一中庸也。"孔子"祖述尧舜，宪章文武；上律天时，下袭水土"，以天下为己任，如同天地覆载万物，日月交替照亮大地，"万物并育"，众道并行。所谓"天地之所以为大也"，就是喻孔子之所以伟大也。最重要的是使社会各色人等，共同生活，互不相扰相残；各种学说思想同时存在而相容相通。大德统摄万众而施化育，多流小德各有其范亦不可少。诚如《论语·子张》子夏说："虽小道，犹有可观者焉。"使社会众类人物各展其能，各显其长，各守其职业道德。大而观之，衣食无忧，熙熙而乐，和谐相容。这样的社会就是孔子理想的社会。

名家点评

郑　玄：此以《春秋》之义说孔子之德。孔子曰："吾志在《春秋》，行在《孝经》。"二经固足以明之。孔子所述尧舜之道而制《春秋》，而断以文王、武王之法度。

朱　熹：所以不害不悖者，小德之川流；所以并育并行者，大德之敦化。小德者，全体之分；大德者，万殊之本。

李　贽：末节妙绝！字字赞天地，实是字字赞仲尼，此赞体之最有味者也。绝世奇文，都在圣贤口里。

张　岱：马君常曰："胸中想着仲尼，口里忽说天地，此中便有圆满化工。若于末句复添仲尼，便蛇足矣。"

"并育"二句亦就道理说。若作形体上说，则虎狼之吞噬，鹰隼之搏击，万物之生，焉得不害？惟以万物之性说，则同此天地，亦同此天地之育，不侵不夺。

康有为：祖述者，传二圣之心；宪章者，奉时王之法。孟子亦动称尧舜、文王，盖孔门家法。此为孔子制作大旨，故子思特标仲尼以发明之。

第三十一章

唯天下至圣，为能聪明睿知，足以有临也；宽裕温柔，足以有容也；发强刚毅，足以有执也；齐庄中正，足以有敬也；文理密察，足以有别也。溥博渊泉，而时出之。溥博如天，渊泉如渊。见而民莫不敬，言而民莫不信，行而民莫不说。是以声名洋溢乎中国，施及蛮貊，舟车所至，人力所通，天之所覆，地之所载，日月所照，霜露所队，凡有血气者，莫不尊亲，故曰配天。

译文

只有天下最伟大的圣人，才有真正的聪明智慧，完全能够君临天下；宽和大度、温柔谦恭，完全能够包容天下；奋发图强、刚正坚毅，完全能够坚持真理；整齐庄重、严肃中正，完全能够践行礼仪；文章条理详细明辨，完全能够辨别是非。圣人的德才如同广大的深泉，时时喷涌而出。广大如天，深沉如渊。一旦出现，人民无不尊敬；一旦讲话，人民无不相信；一旦行事，人民无不心悦诚服。所以圣人的名声充满中国，延及周边少数民族地区，船车能到达、人力能交通的地方，上天所覆盖、大地所承载的地方，日月能照到、霜露能降到的地方，凡是有血有气的人，没有不尊敬父母亲的，所以说圣人之德广大如天。

诠评

睿，聪明通达。执，坚持。别，分辨。溥博，普遍广大。见，现，圣人一旦出现。施（yì），及，延及。蛮貊（mò），南方少数民族为蛮，北方少数民族为貊，此指中国周边地区。队，坠之假借。

此章继前章续论伟大圣人的高德明智，仁、义、礼、智的表率风范，如深泉喷涌，日月光辉所照，影响中国大地及周边地区；如同春风化雨，普天之下，没有不沾被雨露的，所以即使天涯海角，“凡有血气者，莫不尊亲”。这就是圣人教化所产生的巨大功效。这也是子思为确立孔子伟大圣人的历史地位所作的努力。其后的孟子进一步确立并维护孔子的伟大地位，《孟子·公孙丑上》引孔子弟子语说：“见其礼而知其政，闻其乐而知其德。由百世之后，等百世之王，莫之能违也。”“圣人之于民，亦类也。出于其类，拔乎其萃。自生民以来，未有盛于孔子也。”《孟子·万章下》载相对伯夷、伊尹、柳下惠等圣贤，孟子说：“孔子，圣之时者也。孔子之谓集大成。”孟子对孔子的地位给予充分的肯定，具有不可逾越的高度。但此章子思所论极富深刻性，阐明了孔子圣化的伟大功能，与天地一样无声无息地影响化育万众，其仁德雨露沾被中原与殊俗，使四方一体，天下同心同德。这种使万殊民众内化同德以至和谐统一的伟大功绩，将永远受到人民的崇敬与爱戴。

名家点评

郑　玄：如天，取其运照不已也。如渊，取其清深不测也。尊亲，尊而亲之。

朱　熹：溥博，周遍而广阔也。渊泉，静深而有本也。出，发见也。言五者之德，充积于中，而以时发见于外也。

李　贽：至圣赞。“至圣”、“至诚”，吾性之名号耳，非他人也。若以“至圣”、“至诚”为他人，便是衣珠行乞，却不辜负了“天命”？要到“至圣”、“至诚”地步，亦只在“戒慎”、“恐惧”处起脚。

张　岱：张侗初曰：“元气虽含藏，故四时必备。圣性虽深静，故五德俱全。当春而春，当秋而秋，藏极而发也。时仁则仁，时义则义，静极而生也。所谓未发之中，其中也时，故曰‘时出’，盖从渊泉发根也。”

穷天际地，过化存神，有情之族属，恶知避而欲知趋。无觉之昆虫，寒必潜，而燠必出，并在灵心化育。谁非性量生成？如众沫竞注，而江河不流；似万籁纷吹，而橐籥自寂。天功莫喻，妙性难言。

康有为：言孔子之聪明睿智如天之溥博，如泉之渊深，寥廓流行，无所不有，随其时而出之，以治世也。时当乱世，则出其拨乱之法；时当升平，则出其升平之法；时当太平，则出其太平之法。天覆无方，泉流无定，行止因时而已。

第三十二章

唯天下至诚，为能经纶天下之大经，立天下之大本，知天地之化育。夫焉有所倚？肫肫其仁，渊渊其渊，浩浩其天。苟不固聪明圣知达天德者，其孰能知之？

译文

只有天下纯诚者，才能掌控治理天下之大纲，确立治理天下之根本，洞悉对天下如何风化教育。还用什么呢？恳切的仁德，爱人之情如渊之深而又深，爱人之心如天之广阔浩瀚。如不切实聪明睿智而与天同德者，谁能了解圣人的功德与情怀呢？

诠评

肫（zhūn）肫，诚恳深切。

此章明确指出只有至诚，即只有圣人才能与天地同道同德，自然而然地能够掌控治理天下的大纲：一是仁德，推而广之，仁义礼智信；二是确立治理天下的根本，就是中庸；三是洞悉天地风化教育，实际上就是圣人非常重视人民的教育。有此三项，天下万民自然会得到良好治理，苍生和畅，万物各得其所。“夫焉有所倚？”郑玄注：“安有所倚，言无所偏倚也。故人人自以被德尤厚，似偏颇者。”朱熹注：“夫岂有所倚著于物而后能哉！”其实，当如此理解：“还靠什么呢？”治理天下就是靠上列三项，除此之外，别无所依。因为至诚者以恳切的仁德，深而又深的爱人之情、广阔浩瀚的爱人之心“若保赤子”，爱人亲民，还要什么呢？如果不理解，就是自身修养德性不足的问题，不要怀疑圣人至诚之功效。袁甫《蒙斋中庸讲义》："经，常也，即庸也。立天下之大本，即中也。'知天地之化育。夫焉有所倚？'位天地，育万物，皆中庸也。肫肫其仁，肫肫，纯也。渊渊其渊，渊渊，深也。浩浩其天，浩浩，广大也。呜呼！至矣哉！或者谓到此地位，圣人即天地，天地即圣人。"

名家点评

郑　玄：至诚，性至诚，谓孔子也。大经谓六艺，而指春秋也。大本，孝经也。论本又作纶，同音伦。

朱　熹：经、纶，皆治丝之事。经者，理其绪而分之；纶者，比其类而合之也。经，常也。大经者，五品之人伦。大本者，所性之全体也。惟圣人之德极诚无妄，故于人伦各尽其当然之实，而皆可以为天下后世法，所谓经纶之也。

张　岱："仁"以言其精，"渊"以言其深，"天"以言其大，而加"肫肫"、"渊渊"、"浩浩"，正以状"仁"、"渊"、"天"之妙，非更有小仁、小渊、小天也。

康有为：孔子之道本仁，孝又为仁之本，故谓孝经为大本。孝经亦如春秋，有口说，广大深美，惜今不传。

第三十三章

《诗》曰："衣锦尚䌹。"恶其文之著也。故君子之道，暗然而日章；小人之道，的然而日亡。君子之道，淡而不厌，简而文，温而理，知远之近，知风之自，知微之显，可与入德矣。

《诗》云："潜虽伏矣，亦孔之昭。"故君子内省不疚，无恶于志。君子之所不可及者，其唯人之所不见乎！

《诗》云："相在尔室，尚不愧于屋漏。"故君子不动而敬，不言而信。

《诗》曰："奏假无言，时靡有争。"是故君子不赏而民劝，不怒而民威于鈇钺。

《诗》曰："不显惟德，百辟其刑之。"是故君子笃恭而天下平。

《诗》云："予怀明德，不大声以色。"子曰："声色之于以化民，末也。"

《诗》曰："德輶如毛。"毛犹有伦。"上天之载，无声无臭。"至矣！

译文

《诗经·卫风·硕人》说："锦衣之上罩一件单衫。"这是厌恶其花纹彰显。所以君子之道，不张扬露己，暗然行善，其功德一天比一天显著。小人之道，外表光彩惑人，实无其德，其光彩一天比一天消亡。君子之道，恬淡而不厌倦，简明而有文采，温和而有条理，知达远之起点，知风起之萍末，知隐微之显著，就可以与他进入道德境界了。

《诗经·小雅·正月》："鱼虽然潜伏在水底，人们也能很清楚地看得到。"所以君子经常从内心审视自己而无愧疚，决不违背自己的志向。君子的德操别人赶不上的原因，大概就在于在人们看不到的地方仍然严于律己吧！

《诗经·大雅·抑》："看你独居一室时，在屋角暗处有无愧心事。"所以君子在做事前就具有谨慎敬戒的思想，发言前就具有真诚信义的情怀。

《诗经·商颂·烈祖》："祭祖时，大家诚敬地默受祖德教化，没有哪人言说。"所以君子不用奖赏，百姓自然奋发向上，不用愤怒，百姓就比害怕刀斧惩罚还敬畏他。

《诗经·周颂·烈文》："有德者不炫耀自己的功德，诸侯以之为楷模。"所以君子笃诚恭谨就能使天下均衡太平。

《诗经·大雅·皇矣》："我感怀大德之君，对百姓从不厉言厉色。"孔子说："用厉言厉色去教化老百姓，这是下策。"

《诗经·大雅·烝民》："德轻如毛。"毛还有一定的重量和形状。《诗经·大雅·文王》："上天化育万物，无声响，无气味。"这才是纯诚的境界。

诠评

絅（jiǒng），单层的衣服。通作褧。郑玄注："禅为絅。锦衣之美，而君子以絅表之，为其文章露见似小人也。"的然，鲜艳光彩。孔，很，甚。昭，光明，明白，清晰。相，看。屋漏，房屋西北角，喻室中暗处。奏假，祷告，此指祭祀。无言，默默承教。靡，没有。争，个人的坚持。德，有德之君。百辟（bì），诸多君主，指诸侯。刑，型之假借，楷模。大声以色，高声斥责、责骂，吹胡子瞪眼睛，吓唬人。此喻严酷治民。輶（yóu），轻车，引申为轻。清段玉裁《说文解字注·车部》:“輶,本是车名,引申为凡轻之称。”“德輶如毛”,原文是:“人亦有言,德輶如毛,民鲜克举之。”其原义为,有人说德轻如毛,但很少有人能把它举起来。即道德问题说起来轻松,真能践行的人太少了。而此章所引“德輶如毛”,是说即使把德说得如毛一样轻,那也是有形的,有一定重量的。引此目的,在于凸显上天之德,上天之纯诚,为万物的生长繁衍所付出的造化之功,“无声无臭”,说明天的伟大,自然造化的伟大。而有德君子就要效法天道至诚,无声无味地为万众作贡献。

此章分七节,每节开头都是引《诗经》句子,以比兴赋的手法先提出有关论点,而后进一步阐述。诸如第一节,先引出《诗经·卫风·硕人》的句子:“衣锦尚絅”(其实是变通了原句,原句是“衣锦褧衣”),穿着绵绣花衣,外边还要罩上麻布单衣。这不只是一种中国文化的审美,更是中国文化的道德审美。君子之道就是不能张扬,要永远地谦逊谨慎,坚持常态心理,“简而文,温而理”,深知“风起于青萍之末,君子防患于未然”。这个未然,就是小事上的不谨慎。小事也要一贯谨慎,即使穿衣戴帽、吃饭喝水都注重节制自己、谦恭有礼,不张扬、不自夸。要在内心解决问题,自己的心控制住了,外在的一切行动就会收敛自制。这就是古人“衣锦尚絅”的真正意义。

此章第二节,引《诗经·小雅·正月》:“潜虽伏矣,亦孔之昭。”本是讲鱼儿在水中游,无论游到深底,还是潜伏起来,都在人们的掌控之中,喻窘迫之士处境之艰难、不安。引于此处是说,什么事都昭昭然,瞒不了任何人。自觉修养自己,从内心就严格要求自己,所思所为都是光明磊落的,在无人知晓处,也能律己不差分毫,这才是君子仁人。一旦自作聪明,减损自己修养的纯度,潜藏着自己的私心杂念,外界也会洞察如观火。所以君子一定要做到,无论在什么环境都要“内省不疚”,人所不见处仍然是君子。

此章第三节引《诗经·大雅·抑》:“相在尔室,尚不愧于屋漏。”其意为，看其独居之时，无人监视，即使在阴暗角落，也无愧于心。引此以明君子处于任何地方，在任何情况下，也决不丧失诚正仁德之修养。所以君子“不动”、“不言”之前就具有谨慎谦逊、庄重信义之诚。如此作为，凡事皆能顺畅，凡事皆能得人心。

此章第四节引《诗经·商颂·烈祖》：“奏假无言，时靡有争。”其本意为商的后代祭祀商祖先时，参加者都极庄重，没有私语，更无计较，都很谦诚地纪念祖先，以求赐福。而此处引之，发展了原诗的含义，加入了祭祀的重大教育作用，正如《论语·阳货》孔子说：“君子学道则爱人，小人学道则易使也。”于是此章此节引用“奏假无言，时靡有争”后，说“君子不赏而民劝，不怒而民威于铁钺”。这就是教育结果，一是人民受了教化易于接受管理，二是统治者受了教育后更能关爱人民。

此章第五节，引《诗经·周颂·烈文》：“不显惟德，百辟其刑之。”其意为有德之君不显耀自己的功德，诸侯们以之为楷模。而后结论说，“是故君子笃恭而天下平”。此节颂赞了天子大德表率风范的楷模意义。君子如此而为，笃诚、谦恭，影响天下人人如此，天下自然太平均衡。

此章第六节引《诗经·大雅·皇矣》：“予怀明德，不大声以色。”其意本为通过上帝之口颂赞周文王明德慎罚，对待百姓从不大声斥责，从不吹胡子瞪眼。此节引后，随即引孔子说：“声色之于以化民，末也。”进一步阐明，待民应谦恭关爱，不可声色俱厉。当常思“民者，君之主也”，“无野人莫养君子”。

此章第七节，引《诗经·大雅·烝民》：“德輶如毛。”其原意为有人说道德轻如鸿毛，但许多人却举不动，即不能践行。引于此处则用其“轻、微”之意，接着说，鸿毛就是轻、微，也还是有形有迹可寻。转而引出颂赞上天的伟大功绩，上天所为不留任何痕迹，以至于“无声无臭”。这才是天的纯诚。

此章七节引《诗经》句共八处，反正都用到《中庸》论述君子之道上，集中阐明了君子之道：第一，“淡而不厌，简而文，温而理，知远之近，知风之自，知微之显”；第二，“内省不疚，无恶于志”；第三，“不动而敬，不言而信”；第四，“不赏而民劝，不怒而民威于𫓧钺”；第五，笃恭；第六，对民“不大声以色”；第七，要学习上天造化万物而“无声无臭”的境界，君子要争取达到大自然造化的无私纯诚。

名家点评

郑　玄：假，大也。此颂也，言奏大乐于宗庙之中，人皆肃敬，金声玉色无有言者，以时太平和合无所争也。予，我也。怀，归也。言我归有明德者，以其不大声为严厉之色以威我也。輶，轻也。言化民常以德，德之易举而用其轻如毛耳。

朱　熹：子思因前章极致之言，反求其本，复自下学为己谨独之事，推而言之，以驯致乎笃恭而天下平之盛。又赞其妙，至于无声无臭而后已焉。盖举一篇之要而约言之，其反复丁宁示人之意，至深切矣，学者其可不尽心乎！

钱　时：前章既极言至圣至诚之功用，所谓中庸之德，我以复加于此矣。至于篇末复自入德之始，谨独之功，推不动、不言之化，而极于无声无臭之妙。与首章修道之教不可须臾离之旨，实相发挥，所以指万世之迷途，续先圣之绝学，至深至切矣。人莫不饮食也，鲜能知味也。呜呼！其果不知味也哉？

李　贽：此章节节引《诗》，是文章家乱体。二节、三节是“暗然”，四节、五节、六节是“日章”，头节是统括之言。

张　岱：张侗初曰：引“尚䌹”之诗，赞叹一个“暗”；引“潜伏”之诗，赞叹一个“不见”；引“屋漏”之诗，赞叹个“不言”、“不动”；引“靡争”之诗，赞叹个“不赏”、“不怒”；引“不显”之诗，赞叹个“笃恭”；引“皇矣”之诗，赞叹个“不大”；引“烝民”之诗，赞叹个“无声无臭”。用引诗体做结局，直是发明

"未发之中"，"天命之谓性也"。

康有为：此章七引《诗》者，皆叹美之意。……教者必当以明德化普天下人，皆明其明德，使普天下人皆光明。普天下世界人物，无有愚顽暗污之性，山川草木并放光明，光辉相照，不待于教，乃孔子意也。

主要参考文献

[1]（清）阮元校刻:《十三经注疏》，中华书局1980年版。

[2] 叶绍钧编:《十三经索引》，中华书局1983年版。

[3] 蒋伯潜著:《十三经概论》，上海古籍出版社1983年版。

[4]（唐）陆德明撰:《经典释文》，中华书局1983年版。

[5]（宋）朱熹集注:《四书集注》，岳麓书社1985年版。

[6]（明）邓退庵撰，祁珊洲重校:《精校四书补注备旨》，上海共和书局1921年版。

[7]（明）李贽著:《四书评》，上海人民出版社1975年版。

[8]（清）张岱著:《四书遇》，浙江古籍出版社1985年版。

[9]（清）王夫之撰:《船山遗书·读四书大全》，上海太平洋书店1935年版。

[10]（宋）钱时著:《四库全书珍本初集·经部二十六集·融堂四书管见》，沈阳出版社1998年版。

[11]（宋）袁甫著:《四库全书珍本初集·经部二十九集·蒙斋中庸讲义》，沈阳出版社1998年版。

[12]（清）康有为著:《孟子微·中庸注·礼运注》，中华书局1987年版。

[13]《四书章句集注》，《四库全书》第一九七册，上海古籍出版社1987年版。

[14]《四书大全》，《四库全书》第二〇五册，上海古籍出版社1987年版。

[15]《四书通证》，《四库全书》第二〇三册，上海古籍出版社

1987 年版。

［16］《大学中庸集说启蒙》，《四库全书》第二〇四册，上海古籍出版社 1987 年版。

［17］陈科华著：《儒家中庸之道研究》，广西师范大学出版社 2000 年版。

［18］于建福著：《孔子的中庸教育哲学》，中央编译出版社 2004 年版。

［19］萧兵著：《中庸的文化省察》，湖北人民出版社 1997 年版。

［20］丹明编著：《中庸的谋略》，现代出版社 2006 年版。

附录

《中庸》的教育思想

《中庸》是《礼记》中的一篇。宋代理学家朱熹把《大学》、《中庸》抽出来，与《论语》、《孟子》合在一起，作为四书，成为宋以后中国古代基本教科书。

《中庸》的思想，源于中国自古相传的道统，尧以“允执其中”① 四字心法传给舜，舜衍为“人心惟危，道心惟微，惟精惟一，允执厥中”② 十六字传授给禹，而其基本精神，仍是执守中道。中，不是一分二为中，而是不偏的意思。中就是不偏于高，不偏于下，不偏于右，不偏于左；中无定型，唯求其当。所以凡事恰到好处，无过，无不及，就是中道。

中道的精神，并不是中立、走中间路线、乡愿、无主见，当然也就不是畏首畏尾、怕事、抹稀泥、滑头、讨好、不敢负责任的态度。相反，它确实是刚毅果敢、不屈不挠，如《中庸》里孔子所说：“君子和而不流，强哉矫！中立而不倚，强哉矫！国有道，不变塞焉，强哉矫！国无道，至死不变，强哉矫！”君子待人很和顺，却也不无原则地迁就别人，这才是顶高尚的强啊！中正独立，决不偏靠一面，那才是顶高尚的强啊！国家太平的时候，也不改变穷困时的操守，那才是顶高尚的强啊！国家衰乱的时候，也还是保持正直，到死也不改变，那才是顶高尚的强啊！

---

① 《论语·尧曰》。

② 伪《古文尚书·大禹谟》。

中道还是与时偕行、与时偕变的，而不是固着在一个定点上永不变化的。如孔子离开齐国时，不等把米淘完、漉干就走；而离开鲁国时却说："我们慢慢走吧，我们将远离祖国了。"这即"可以速而速，可以久而久，可以处而处，可以仕而仕，孔子也"①。因此孟子尊称孔子为"圣之时者也"②，孔子是圣人之中识时务的人。这是中道的表现。《中庸》说："君子之中庸也，君子而时中。"所谓"时中"，就是随时处中道而行。君子的中庸，表现随时节制，合于中道。《中庸》说："喜怒哀乐之未发，谓之中；发而皆中节，谓之和。中也者，天下之大本也；和也者，天下之达道也。致中和，天地位焉，万物育焉。"喜怒哀乐等感情没有发动的时候，叫作中；发动后而能合乎礼节，叫作和。中是天下最重大的根本，中是心未动时的本体，一切无所偏倚，无欲无蔽，大公无私；和是天下通行的道路，和是心的现象已经发动，而能一一合乎节度，恰到好处。将中和的原理发挥到极致，可以使天地各得其所，万物各遂其生存。这是儒家天人合一的哲学，把宇宙和人生观打成一片。

"中庸"也是质和量对立统一中的"度"。"过"就是超过了"度"，即"左"了；"不及"就是还未达到"度"，便是右了。毛泽东说："'过'的即是'左'的东西，'不及'的即是右的东西。依照现在我们的观点说来，过与不及乃指一定事物在时间与空间中运动，当其发展到一定状态时，应从量的关系上找出与确定其一定的质，这就是'中'或'中庸'，或'时中'。说这个事物已经不是这种状态而进到别种状态了，这就是别一种质，就是'过'或'左'倾了。说这个事物还停止在原来状态并无发展，这是老的事物，是概念停滞，是守旧顽固，是右倾，是'不及'。孔子的中庸观念没有这种发展的思想，乃是排斥异端树立己说的意思为多，然而是从量上去找出与确定质而反对'左'右倾则是无疑的。"这种思想

①② 《孟子·万章下》。

“是孔子的一大发现，一大功绩，是哲学的重要范畴”。①

《中庸》所包含的教育思想有以下几点。

（一）教育作用——“率性”

《中庸》说：“自诚明，谓之性；自明诚，谓之教。诚则明矣，明则诚矣。”由天生的诚达到对一切事物的了解，这叫作天性；通过学习，才能把诚体现出来，这叫作教育。有了天生的诚就能了解一切事理；通过学习，也能把诚体现出来。“唯天下至诚，为能尽其性；能尽其性，则能尽人之性；能尽人之性，则能尽物之性；能尽物之性，则可以赞天地之化育；可以赞天地之化育，则可以与天地参矣。”只有天下至诚的人，才能尽量发展自己的本性；能尽量发展自己的本性，才能尽量发展一切人的本性；能尽量发展一切人的本性，才能尽量发展万物的本性；能尽量发展万物的本性，就可以赞助天地的变化和生长；可以赞助天地的变化和生长，就可以和天地并立为三了。诚实与生俱来的精神动能，也是宇宙生命的原动力。我们常说：“至诚无妄。”诚的力量是无限大的，所以推其极致，可以使人与天地参配，并立为三。

《中庸》又说：“天命之谓性，率性之谓道，修道之谓教。”上天所命或赐予的叫作性；顺从和发扬本性的叫作道；把道加以修明和推广，使之实行则叫作教。这就是说，“修道”即教育，教育的作用叫“率性”，循顺着先天的善性发展，尽量发挥内心的先天的善端，把天赋的道德观念、道德意识体现出来。这和思孟学派“性善论”的教育作用论是一致的。

（二）教育过程——“学、问、思、辨、行”

孔子讲过学与思、学与行的关系。《论语·子张》：“博学而笃志，切问而近思，仁在其中矣。”荀子讲过：“不闻不若闻之，闻之

① 《致张闻天》，载中央文献研究室编：《毛泽东书信选集》，中央文献出版社2003年版，第131—132页。

不若见之，见之不若知之，知之不若行之。学至于行而止矣。行之，明也。明之为圣人。”①《中庸》继承和发展了这些思想，把教育教学的过程和步骤系统地讲出来：“博学之，审问之，慎思之，明辨之，笃行之。”

所谓“博学之”，就是广泛地学习各方面的知识内容；“审问之”，即对博学中的内容，以“诚”为标准，审慎地问其真伪是非；“慎思之”，即对审问的内容进行分析，谨慎地思考，并重视反省自己；“明辨之”，即明辨存在的问题，知道今后努力的方向；“笃行之”，即使观念和行为统一，切实地实行，最终形成坚定的信念和明确的观点。

这是一套反思的教学方法，通过节节反馈，层层深入、筛选，最后形成概念、观念和信念的过程，是符合反馈理论的，有其合理因素。广州中山大学把“博学之，审问之，慎思之，明辨之，笃行之”作为校训。

（三）教育途径——“尊德性”与“道问学”

孔子说过：“君子博学于文，约之以礼，亦可以弗畔矣夫。”②君子广泛地学习文献，再用礼节来加以约束，也就可以不至于离经叛道了。“博文”是要有广博的知识，“约礼”则似乎是提高道德修养。孔子认为能够这样品学兼修，就不至于“离经叛道”了。《中庸》便把“博文”、“约礼”发展成为“尊德性”与“道问学”。《中庸》说：“故君子尊德性而道问学，致广大而尽精微，极高明而道中庸，温故而知新，敦厚以崇礼。”意思是说，君子既要尊重德性，又要讲求学问；既要充实广大，又要穷尽精微；既要有高明的理想，又要有合于中庸的行为；既要熟悉旧的知识，又要不断认识新的事物；既要笃实厚道，又要娴习礼仪。这里也初步接触到思想品

---

①《荀子·儒效》。

②《论语·雍也》。

质的形成与掌握文化知识二者之间的关系，认为这两个途径是相依并进、相辅相成的。这仍是有一定合理因素的。

（四）重视个别差异——“生知”、“学知”、“困知”

《中庸》继承和发展了孔子重视个别差异的思想：“或生而知之，或学而知之，或困而知之，及其知之一也。或安而行之，或利而行之，或勉强而行之，及其成功一也。”有的人天生就能知道，有的人需要学习才能知道，有的人必须经过困难才能知道，到了知道了以后却是一样的。有的人是不需要思考就可以安然无事地去实行，有的人为了对自己有利才去实行，有的人是需要极大的努力才能施行，到了成功以后却是一样的。《中庸》这种重视个别差异、鼓励“困知”与“勉行”的思想是十分可贵的。孔子还有“下愚不移”之说，而《中庸》却有“下愚可移”的思想，这是对孔子思想的一种发展，含有积极意义。

（五）强调主观能动作用——“虽愚必明，虽柔必强”

《中庸》强调个人的主观努力：“有弗学，学之弗能，弗措也；有弗问，问之弗知，弗措也；有弗思，思之弗得，弗措也；有弗辨，辨之弗明，弗措也；有弗行，行之弗笃，弗措也。人一能之，己百之；人十能之，己千之。果能此道矣，虽愚必明，虽柔必强。”除非不学习，学习了还没能掌握，一定不罢休；除非不追问，追问了还没能理解，一定不罢休；除非不思考，思考了还不能得出结果，一定不罢休；除非不分析，分析了还不明白，一定不罢休；除非不实行，实行了还不切实，一定不罢休。别人用一分力能做到的，自己就加上百倍的力；别人用十分的力能做到的，自己就加上千倍的力。如果能用这个办法，即使是愚笨的人也必定会变得明智，即使是软弱的人也必定会变得刚强。这里明确地指出，一个人的聪明与坚强是在顽强的学习中培养出来的，决定于个人主观的努力而不决定于他的天资。《中庸》这个思想是十分深刻的。

此外，《中庸》还说：“凡事豫则立，不豫则废。言前定则不跲，事前定则不困，行前定则不疚，道前定则不穷。”凡事有准备就能成功，不准备就不能成功。说话早先想定，就不会失言，出差错；做事早先想定，就不会有困难或麻烦；行为早先想定，就不会有后悔；道义早先想定，就可以应用无穷，不会被难住。这些都是为学做人的不二法门。

（郭齐家）

后　记

我对《中庸》译注、评论反复斟酌，殚精竭虑，现即将付梓求教于大家。至此，《论语》、《孟子》、《大学》、《中庸》四部经典的译注本全部出版。我承担的全国教育科学“十五”规划课题“‘四书’的现代教育价值”的研究工作总算完成了。

此项研究起于1998年，至今已十七年。十七年来诸事繁忙，多不可怠，而“四书”研究从未停歇。途中多舛，竟获其成。虽不敢言“字字看来皆是血，十年辛苦不寻常”，却可谓心血所积，汗水所润，故自珍有加。虽致须发苍苍，耳目茫茫，尚能偕时奋发。然“四书”研究之完成，多赖师友之鼎力相助，书此以念其功。

北京师范大学博士生导师郭齐家教授，以诚助我，多番赐教赐序，永世感念！曲阜师范大学骆承烈教授，多方关照，赐书赐教，永世感念！

辽宁省委机关真诚正派的领导干部窦杰先生，对我的研究工作给予了独特的指导与切实的帮助，令我终生难忘！

人民教育出版社郭戈先生、刘立德先生、冯卫斌先生、胡兰江女士，多年来对我的研究工作真诚支持，难以言表，由衷深深致谢，永志不忘！中华书局张继海先生、石玉先生，中国社会科学出版社卢小生先生对我的研究工作给予诸多指导与帮助，由衷感激，永志不忘！

我的研究工作助手是我的女儿刘北芦，尤其后期的大量核对、甄别文字材料工作，全靠她的努力。于此铭志。

刘兆伟

2015年9月于沈阳师范大学四竹学舍